밀알기독문학회 문집

마음으로
사는 삶

프롤로그

조봉희 목사

한국밀알선교단 이사장, 지구촌교회 선교목사

사연 없이 사는 사람은 아무도 없다. 특히 장애라는 무거운 십자가를 진 이들의 삶은 더욱 그러하다.

그러나 이 책은 우리의 편견을 완전히 뒤집는다. 밀알기독문학회라는 중증 장애인들의 모임을 통해 놀라운 진실을 발견한다. 전신마비로 입에 봉을 물고 컴퓨터를 치는 이, 혀로 컴퓨터를 치는 이, 진행성 희귀병과 싸우는 이… 그분들의 삶에는 비애 대신 웃음이, 한탄 대신 위트가 넘친다.

나는 공수특전사 시절 겪은 부상으로 40년 가까이 고통을 겪고 있다. 이런 어두운 터널의 여정에서 깨닫는 것이 있다. 인생은 고행이 아니라, 여행이라는 사실이다. 노래하는 순례자로 살아가는 것이다.
이처럼 사람은 육체가 아닌 마음으로 살아가는 존재다. "모든 지킬 만한 것보다 마음을 지키라. 생명의 근원이 이에서 남이니라"라는 잠언(4장23절)의 말씀처럼, 진정한 생명력은 마음에서 나온다.

이 책은 단순한 장애인 수기가 아니다. 육체의 한계를 뛰어넘어 마음으로 살아가는 이들의 영적 여정이자, 우리 시대의 본질적인 질문에 대한 응답이다. 돈과 성공만을 좇느라 마음을 잃어버린 현대인들에게, 이 책은 강력한 영적 메시지를 전한다.

특히 주목할 만한 것은 이들이 보여주는 희망의 시선이다. 육체는 노화되고 쇠약해질 수밖에 없지만, 마음은 가꾸면 가꿀수록 더욱 빛난다. 마음은 정원과 같다. 가꾸기에 달려있다. 오드리 헵번의 이야기처럼, 잘 가꾸어진 마음의 향기는 육체가 사라진 후에도 여전히 우리에게 감동을 준다.

밀알기독문학회 회원들의 글이 보여주듯, 진정한 자유와 기쁨은 육체의 건강함이나 온전함에서 오는 것이 아니다. 그것은 하나님 안에서 마음의 평안을 발견할 때 찾아온다. 이 책이 마음의 진정한 가치를 잊은 채 살아가는 모든 이들에게 귀중한 깨달음을 주리라 확신한다.

끝으로 2024년 올림픽을 주최한 프랑스 파리시 문장에 적힌 라틴어 명언이 든든한 새 힘을 준다. "흔들리지만 가라앉지 않는다."(Fluctuat nec mergitur) 우리 밀알 가족들이 이런 불굴의 마음 관리로 승리 인생을 살아가고 있다. 자랑스러울 뿐만 아니라, 훌륭하고 존귀하다. 그렇기에 이책을 적극 추천한다.

조병성 목사
한국밀알선교단 단장

　밀알기독문학회가 시작된 지 올해로 33년이 되었습니다. 이렇게 긴 시간을 이어 올 수 있었던 것은 우리 밀알 문학인들이 자신들에게 주어진 삶에 대한 깊은 성찰이 있었기 때문입니다. 이를 통해 다양한 삶 속에서 고민하고 깨닫는 마음의 생각들을 자신의 고백으로 하나님과 사람들 앞에서 글로 표현 할 수 있었기에 지금의 밀알기독문학회가 존재할 수 있었습니다.
　그리고 여기에 더해 큰 이유가 하나 더 있습니다. 그건 밀알기독문학회가 시작부터 남달랐다는 점입니다.

　밀알이라는 이름에 걸맞게 밀알기독문학회는 한 시인의 밀알과 같은 인생을 통해 이 땅에 세워지게 되었습니다. 바로 중증장애인 백원욱 시인의 이야기입니다.
　백원욱 시인은 1962년생으로 뇌병변장애가 있었습니다. 제대로 서지도 앉지도 못했던 그는 우연히 만나게 된 여전도사님을 통해 교회에 발을 딛게 되었고 이를 계기로 하나님의 놀라운 은혜를 경험하며 한글과 중등, 고등 검정고시를 거쳐 30살에 늦깍이 대학생이 되었습니다.　당시 밀알보 편집장이었던 고 김근원 목사님께 밀알기독문학회 창단을 제안하였고 이를 계기로 본

격적인 문학회 창단이 기획되고 준비되었습니다. 하지만 1992년 그렇게 꿈에 그리던 밀알기독문학회 창단을 한 달 앞둔 어느 날 전동휠체어를 타고 등교하던 길에 추락 사고로 서른 해의 짧은 삶을 마치고 하늘나라로 떠났습니다. 그는 자신의 글이 실린 책 '내가 만난 예수(두란노 간, 현재 절판)', '하나님의 사랑하심을 향하여'에서 이렇게 고백했습니다.

'나는 혼자 있을 때가 많다. (중략) 그때 나의 마음은 하늘로 향해지고 기쁨과 슬픔을 함께 표현할 수 있는 기원으로 마음이 모아진다. 난 이 세상 모든 것을 사랑하고 싶은 안타까운 영혼이 되어 하나님께 기도드린다. 그리고 고요히 흐르는 눈물 속에서 맑고 밝은 하늘의 빛을 바라본다. 하나님의 사랑하심은 모든 것을 표현하는 시들에 따뜻이 베풀어진다.

앞으로도 더욱 그분의 사랑하심에 나의 모든 것을 바치겠다. 예수님의 모습을 찾아 장애인을 위하여, 모든 고통 받는 자를 위하여 하나님의 사랑하심을 나의 모든 것에서 발현해 보고 싶다.'

시인 백원욱이 꿈꾸었던 밀알기독문학회는 이제 그의 밀알과 같은 인생을 통해 아름다운 열매로 우리 곁에 남아 후배들이 그 역할을 감당하며 이어 가고 있습니다.

한국밀알선교단 창립 45주년을 기념하여 발간하게 된 이번 밀알 문집은 또 하나의 열매, 또 하나의 밀알과 같은 밀알 문학인들이 엮어낸 소중한 책입니다. 화려하거나 뛰어난 문체가 아니라고 할지 모르겠습니다. 하지만 그 고백의 진솔함과 깊이는 우리 모두를 감동케 하기에 부족함이 없습니다.

이 문집이 나올 수 있도록 애써주신 밀알기독문학회 회원들과 조성숙 교수님, 김학창 간사님 그리고 끝까지 최선을 다해 작품을 모으고 한땀 한땀 편집

하느라 수고한 조수정 간사님께 감사의 마음을 전합니다. 밀알 문집이 이 땅을 살아가는 많은 이들의 벗과 같은 존재가 되어 위로와 격려, 희망의 노래로 울려 퍼지길 간절히 소망합니다.

프롤로그	조봉희 목사	3
	조병성 목사	5

김근원 목사	마음으로 사는 삶	18
	나는 왜 사는가?	22
	잠깐	24
	우리들 유전자 이야기	25
	가시 면류관	26
	내 마음의 분꽃	27
	분꽃	28
	별	29
	하루	31
	곶감	32
	산다는 건 뜨거운 일	33
	뿌리 아저씨	34
	해가 힘 있게 돋음같이	35
	거룩한 꽃	37
	마음의 입으로 부르는 노래	38

박혜원	다이아몬드를 얻는 기쁨보다는	46
백원욱	내가 만난 예수 하나님의 사랑하심을 향하여	48
오세호	기다림	58
	나는	59
	구하라	60
	선물1	61
	나의 산 소망	62
	예수님의 승천과 재림	63
	회개하라	64
	순천만 갈대숲	65
	날마다 기막힌 새벽	66
	오늘	67
	선물 2	68

이만섭	감사할 일	70
	금복이	71
	꿈속에서 엄마를 만나다	72
	나무 십자가	73
	단풍놀이	74
	저 천국으로 한 걸음	75
	별	76

이석희	부활	78
	걷지 못하는 자유	79
	나는 뇌성마비	81
	봄, 하늘거리다	83
	나를 여미다	84
	내 영혼 밝아지네	85
	하나님이 움직이신다	86
	예수 그리스도	87

	나의 하나님	88
	50년 휠체어 인생길	89
	나의 용기	91
이현주	행복한 자화상	96
	들꽃의 영광	100
	새벽에 홀로 깨어	103
	나는 김칫돌입니다.	107
	제비꽃 향기	111
	빈센트 반 고흐에게 반하다	116
	워낭소리	120
	긍휼(compassion)	124
	나의 바다 이야기	128
	나비의 꿈	131
전기성	단팥빵과 짜장	134

	내 친구	136
	봄꽃처럼 지신 할머니	138
	어느 봄날의 만남	140
	고교 시절의 음악	142
	봄이 오는 길목에서 만난 선생님	144
	나의 예수님	146
조수정	다른 장애인들은 어떻게 살고 있지?	150
	언어장애를 동반한 뇌병변 장애인의 신앙생활	153
	옛 도심의 풍경	156
	나의 노래	158
주경숙	하루살이	160
	진희야!	161
	밤새 오는 봄	162
	우리 엄마	163

	눈물 밥	165
	안개 속 눈물	166
	떠나고 싶다	167
	새벽이 빛을 깨운다	168
	한그루 사계절	169
	생명 나무라	170
	감사	171
한미순	벚꽃 신부	174
	봄 산불	175
	부활절 고백	176
	성경책	178
	열매	180
	옛 동무	182
	윤슬	184
	입원실 밤	185

	피는 꽃	187
	지는 꽃	189
	戀 1	190
홍성원	그릇 이야기	194
	내 시는...	196
	누더기의 노래	197
	목잔의 간구	198
	민들레의 백발	200
	떡이 되리라 몸이 되리라	201
	가위의 폭주를 막을 수 있는 것은	203
	백지	205
	은혜로 철들어 가며 기뻐하며	206
	이명 (耳鳴)	208
	천국	209

조성숙	순리 (順理)	212
에필로그	조성숙	216
	김학창	218

김근원 목사

1953년~2022년

월간 '창조문예' 등단 시인,

1992년 6월 밀알기독문학회를 창립

밀알기독문학회 초대 지도 목사

2005년 대한민국장애인문학상(수필)으로 작품 활동

밀알보 편집장

여주밀알선교단 단장

마음으로 사는 삶

밀알기독문학회라는 모임이 있다. 글 쓰는 장애인들의 모임인데 한 달에 한 번 만나서 써온 글로 이야기를 나눈다. 회원은 십여 명쯤 되는데 대부분 장애 상태가 심상치 않은 중증 장애인이다. 한미순 씨는 교통사고로 손가락 하나 까딱할 수 없는 전신마비 장애인이다. 입에 봉을 물고 컴퓨터를 쳐서 글을 쓴다. 입에 붓을 물고 그림을 그리는 구필 화가이기도 하다. 오세호 씨는 전직이 고등학교 체육 교사인데 희귀병에 걸려 두 다리를 쓰지 못하게 되었고 대소변도 마음대로 조절할 수 없다. 홍성원 씨는 뇌성마비 장애인인데 걷지도 못하고 말도 알아듣기 어렵다. 조수정 씨는 희귀병을 갖고 있고 이 병의 특징은 진행성이라 몸의 기능이 점점 저하되는 것이다. 오화중 씨는 경증 장애를 갖고 있지만 말기 암 투병 중이다. 권영희 씨는 다리도 못 쓰고 청각에도 장애가 있다. 뇌성마비 장애인 이현주 씨는 혀로 컴퓨터를 쳐서 글을 쓴다.

이렇듯 장애 상태가 심각한 장애인들의 모임이라면 깊은 비애가 넘쳐야 하고 신세 한탄과 원망이 이어질 것이라고 짐작하겠지만 전혀 그렇지 않다. 오히려 이 모임 안에는 웃음과 위트가 넘치고 푸른 날갯짓이 넉넉히 있다.

이 모임은 30년 가까이 이어져 오고 있다. 나는 이 세월 동안 이들과 함께 어울리면서 사람은 마음으로 사는 존재라는 것을 확신하게 되었다. 사람이 마음으로 사는 존재가 아니라면 극한 상황의 육체를 갖고 사는 이들의 이 여유로움을 어떻게 설명할 수 있을까? 성경 잠언서 4장 23절의 기록은 사람이 마음으로 사는 존재라는 나의 확신을 힘차게 이끌어 준다. "모든 지킬 만한 것보다 마음을 지키라 생명의 근원이 이에서 남이니라" 마음에서 사람 생명의 근원이 나온다면 사람은 마음으로 사는 존재임이 분명하고 마음을 지키며 살아야 사람의 본질로 사는 것이다. 그런데 많은 사람이 사람은 마음으로 사는 존재라는 것을 잊고 산다. 마음으로 살지 않는 그들은 육체 하나만 달랑 갖고 산다. 돈이 최고의 가치라고 믿고 돈을 숭배하며 산다. 지식이나 학벌이 최고인 줄 알고 교만해져서 산다. 그러다가 그들이 쌓아 올린 그 성이 무너지면 속절없이 허망하게 무너져 내린다. 마음이 아니라고 절규하며 무너지는 것이다.

모든 장애인의 소원은 장애의 몸을 떠나 자유로워지는 것일 것이다. 다리에 장애가 있는 사람은 걷는 것이 소원이고, 눈을 볼 수 없는 사람은 보게 되는 것이 소원일 것이다. 소원이 이루어진다면 참으로 기쁠 것이다. 어쩔 줄 모르고 기뻐 뛸 것이다. 그러나 세월이 지나도 걷게 된 기쁨이나 보게 된 기쁨이 계속 지속될까? 아닐 것이다. 1~2년 동안은 그 기쁨이 보존되겠지만 서서히 식어 갈 것이다. 그리고는 당연한 일상이 되어 버릴 것이다. 이것이 육체의 한계다. 많은 사람이 육체를 가꾸고 꾸미다가 실망에 빠진다. 육체를 바꿔 보려고 성형수술도 해 보지만 실망에 빠진다. 젊어지기는커녕 노화돼 가는 육체의 비애에 빠진다. 진시황제는 늙지 않는 불로초를 구하려고까지 했으나 끝내 얻지 못했다. 짐승이나 육체로 사는 것이지 사람은 육체로 사는 게 아니다. 그럼에도 육체로만 살려고 하는 사람이 있다면 깊은 허망 함의 수렁에 빠질 것이다. 육체는 아무리 잘 꾸미고 가꾸어도 세월에 따라 노화되는 법칙을 뛰어넘지 못한다. 이에 비해 마음은 어떤가? 마음은 가꾸면 가꿀수록 빛이 난다. 육체가 죽어 없어진 후에도 잘 가꾸어 놓은 마음은 살아남아 빛이 난다. 윤기가 흐른다. 세월이 흘러 노인이 되면 더욱 향기로워진다. 영화배우 오드리 헵번을 보라. 우리는 지금 그의 육체의 아름다움을 찾을 수 없다. 그러나 봉사 정신으로 가득했던 그녀의 마음 향기를 찾아 위로를 받는다.

사람이 마음으로 사는 존재임을 증명하기 위해서는 마음에 영원불멸의 소중한 가치들을 채우며 살아야 한다. 이런 가치들로 채워지지 않는다면 결코 마음으로 산다고 할 수 없을 것이다. 밀알기독문학회 중증 장애인들의 마음이 그 극한 문제를 가지고 있음에도 그렇게도 여유로울 수 있는 것은 그 마음에 이루 말할 수 없는 소중한 가치들이 채워져 있기 때문이다. 그렇지 않다면 어찌 그 푸른 날갯짓이 있을까?

그런데 우리 회원 중에 홍성원 씨가 우울증에 빠져 있는 중이다. 벌써 1년여째인데 그래서 걱정이다. 마음으로 사는 그가 왜 그러는지 곤혹스럽다. 왜 그러는지 생각해 본다. 마음으로 사는 것도 삶이기 때문이 아닐까? 마음으로 사는 것도 삶이라 때로는 힘겨워 지칠 수 있는 것이다. 그래서 방황하는 건데 이 방황은 무익한 방황이 아니라 디딤돌 방황이다. 인생은 더 나아져야 하는 것, 이런 방황의 시간을 디딤돌 삼아 더욱 견고한 마음을 갖게 되는 것이다. 그렇다. 홍성원 씨는 이 방황을 통해 사람은 마음으로 사는 존재라는 것을 더욱 드높이 보여주게 될 것이다.

하나님이 이렇게 말씀하셨다. "사람은 외모를 보거니와 나 여호와는 중심을 보느니라" (성경 사무엘상 16장 7절) 마음으로 살려고 하는 사람들을 격려하고 외모 지상주의가 만연한 우리 사회에는 경종을 울리는 말씀이다. 이 말씀을 우연히 하신 게 아니다. 사람을 만드신 의도를 말씀하신 것이다. 그러니 마음으로 사는 것이 정상적으로 사는 것이다. 육체는 변화시킬 수 없다. 그러나 마음은 얼마든지 아름답고 향기롭게 변화시킬 수 있다. 이 희망이 있어 사람이다.

-2017년 12월 월간 문학공간-

나는 왜 사는가?

30여 년 동안 장애인 선교 현장에서 일하다가 은퇴한 지 올해로 3년째다. 은퇴 이후 내가 하고 싶은 글 쓰는 일을 하며 잘 살고있다.

어느 날 '나는 왜 사는가?'라는 질문을 던지게 되었다. 30여 년 동안 내가 사는 이유는 장애인 선교를 통해 하나님께 영광 돌리는 거였다. 그런데 이제 은퇴했으니 여전히 이것이 내가 사는 이유라고 말할 수 없게 되었기에 던진 질문이다. 어느 날 이 질문에 대한 답변이 내 속으로 조용히 흘러들어왔다. 성경 갈라디아서 4장 19절 말씀 "나의 자녀들아 너희 속에 그리스도의 형상을 이루기까지 다시 너희를 위하여 해산하는 수고를 하노니"가 답변이었다. '하나님 형상을 이루기 위하여 살아야 한다.'는 것이었다.

사람은 하나님의 형상대로 지음을 받았다. 그런데 죄로 말미암아 하나님의 형상을 잃어버렸다. 하나님 형상을 지녀야 사람인데 하나님 형상을 잃어버렸으니 여전히 사람이라 칭하기가 민망해졌다. 잃어버린 하나님 형상을 하나님의 아들 예수께서 십자가에 죽으심으로 다시 찾아주셨다. 참으로 감사한 일이다. 다시 찾았다고 끝난 게 아니다. 예수를 믿음으로 구원받은 사람들은 거룩한 하나님의 형상을 그들의 삶 속에서 이루어가며 살아야 하는 숙제가 생겼다.

장애인 선교를 하는 게 내가 사는 이유일 수가 없었다. 그것은 내 삶의 소중한 한 부분이었을 뿐이다. 그렇기에 때가 되어 은퇴한 것이다.

하나님의 형상을 닮아야 한다는 말은 낯선 말이 아니었다. 많이 듣고 많이 해 온 익숙한 말이다. 그런데 이것이 내가 사는 절절한 이유가 아니었으므로 주님의 거룩하신 형상이 내 속에 뜸했다. 그래서 때로 교만했고 사랑하지 못했고, 인내하지 못하고 몽니를 부렸다. 하나님의 형상을 이루는 일에는 은퇴가 있을 수가 없다. 죽을 때까지도 이루지 못할 것이다. 그래도 이루기 위해 절실히 사노라면 우리가 이 세상을 떠나는 날, 주님의 긍휼히 여기시는 은혜로 거룩한 하나님 형상을 온전히 이루어 천국에 입성하게 될 것이다.

잠깐

잠깐이었다.
나의 어린이도, 청년도
고운 것도 잠깐이었다.
지금까지 내가 살아온
기쁨도 슬픔도 잠깐이었다.

나는 늘 내 곁에 있는
잠깐이라는 말을 잊고 있거나
이렇게도 쉽고 간결한 말을
너무 어렵거나 무겁게 해석했다.
그래서 잠깐인 즐거움에 매달리며 애석해했고
잠깐인 슬픔에
오래오래 머물러 있었다.

고난도 잠깐이라는 말씀이
햇빛처럼 나를 깨운 어느 아침
나는 비로소 자유를 느끼며
잠깐이라는 이 풍성한 말을 따뜻하게 만졌다.

*잠깐 고난을 당한 너희를 친히 온전하게 하시며 (베드로전서 5장 10절)

우리들 유전자 이야기

이 고난 주간에 유전자 검사를 다시 해본다.
우리는 누구의 핏줄인가, 우리 아버지는 누구인가?
아담의 죄 유전자가 우리를 완벽하게 지배하였을 때,
나쁜 유전자로 살아야 하는 큰 고통이 우리에게 넘쳤다.
생애가 짧고 걱정이 가득하고 꽃과 같이 자라다가 시드는 슬픈 유전자. 인생 패배를 확실하게 예언하는 유전자가 아닌가. 천년, 만년이 지나도 이 저주의 유전자에서 벗어날 수 없었을 텐데 찬송하리로다!
여호와의 인자하심과 긍휼하심이 무궁하시도다.
예수께서 새 유전자 주시려고 풍성한 당신 유전자로 바꾸어 주시려고 십자가에서 말할 수 없이 큰 고통 당하셨다.

당신 몸과 피를 주시고
하나님을 아버지라 부르게 하시려고
영생과 평안의 유전자로 우리 안에 들어오셨다.
이 도도한 유전자 흐르는 사람에게
약하고 부끄러운 혈통도 뛰어넘으리라
고난 중에서도 확실한 승리를 보장받으리라

가시 면류관

 이번에 알았다. 우리 주 예수 그리스도께서 쓰셨다는 가시 면류관이 노트르담 대성당에 856년 동안 고이 모셔져 있었다는 사실을 이번 그 성당 화재를 통해 알았다. 방문객들이 호기심으로 구경했을 예수 그리스도의 가시 면류관, 단지 모셔 두고 구경하는 가시 면류관을 '주님이 좋아하셨을까?' 그런 거라면 타서 재가 되기를 원하셨을 것이다.
 가시 면류관은 모셔 두는 게 아니고 머리에 직접 쓰고 찔리고 피 흘려야 하는 것. 이번에 알았다. 주님의 가시 면류관 나도 쓰고 찔려야 했는데, 피 흘려야 했는데, 고이 모셔 두고 있었음을. 나는 참으로 가시 면류관을 즐겨 쓰지 않았다.

 그래서 주님의 구원과 사랑에 늘 뜨겁지 못했다.
 그래서 나는 여전히 교만했던 거였다.
 그래서 나는 쉽게 낙심했던 거였다.
 그래서 나는 여전히 타인의 고난에 기꺼이 동참하지 못한 거였다.

내 마음의 분꽃

어린 시절 살던 우리 초가집 꽃밭에
여름이 오면 분꽃이 피었다.
분꽃은 신기하게도 저녁이 가까워질 무렵에 피었다.
긴긴 여름 하루 보내느라 땀으로 흠뻑 젖은 우리에게
저녁이 오고 있다면서 피었다.

곧 땀을 씻어 줄 시원한 저녁.
이 분꽃이 어느 날부터
저녁을 기다리는 고단한 내 마음에 피었다.

여름 하루 같은 무더운 인생 신속히 지나가고
곧 주님께서 베푸시는 시원한 저녁 만찬에
영광스럽게 참석하게 될 거라는
주님 언약의 분꽃으로 내 마음에 피었다.

분꽃

긴긴 여름 하루
땀의 무게가 점점 더
힘겨워질 무렵
이제부터는 저녁이라며
분꽃이 핀다

아이는
왜 분꽃은 저녁에 피는지
여전히 궁금하고
고단한 하루는
반갑게 분꽃으로
내려앉는다

저녁은 그의 간절한 소망
저녁이 있어
참 고맙다고 한다
저녁을 모르면
삶을 모르는 거라고 한다

별

내가 어린 시절
우리 동네는 가난했지만
저녁이 되면
별이 하나, 둘 나타나기 시작하여
우리 동네 하늘은 가난하지 않았다.

금세 온 하늘을 가득히 채우고 빛나던 별,
그 하늘을 바라보고 사노라면
우리의 가난도 그다지 허전하지는 않았다.
별 하나, 나 하나 하며
별 헤는 밤은 정겨웠고 꿈과 희망을 주었다.

지금 우리는 그 하늘을 잃어버리고 산다.
그 보석 같은 하늘을 잃어버리고
밤만 보고 산다는 것은 참으로 쓸쓸한 일이다.
별을 다시 찾아야 한다.

현대 문명의 찌꺼기가 막아버린 별

어찌하면 다시 찾을까?
별 찾다가 무척 허전해진 밤
문득 소망의 큰 별을 본다.

소망의 큰 별 하나가
우리 인생 하늘을 가득 채우고 빛나고 있다.
이 별 하나면 가난하지 않으리라.
이 별 하나면 쓸쓸하지 않으리라.

*한 별이 야곱에게서 나오며(성경 민수기 24:17)

하루

새벽빛 거느리고 하루가 오신다.
황혼빛 거느리고 하루가 떠나신다.

하루는 손님이다.
평범한 듯 매우 귀한 손님이다.
감사와 미소를 제일 좋아하는 손님이다.

잘 대접하고 있는가?
하루는 가 버리면 그만인 길손이 아니다.
우리가 반드시 다시 만나야 할 귀한 손님이다.

이 손님은 우리가 그를 어떻게 대접했는지 기억하시리라.
매일 찾아오는 하루라고 소홀히 대접했는지.

이 귀한 손님,
그날이 오면 반갑게 달려 나와
잘 대접한 당신을 잘했다.
칭찬하시고 상주시리라.

곶감

곶감이 되었다는데
감인가?
감 아닌가?

어제 보기 좋던 모습
찾을 길 없어 방황하다
뜨겁게
눈떴다

겉모습은
어차피 변하는 것
환하게
권할 맛 있으니
감 아니면 어떤가!

산다는 건 뜨거운 일

때때로 뜨거움 사라지고
내 마음 차갑게 식어지거나 미지근해진 날에는
한없이 뜨거웠던 날을 찾아간다.

이 세상 그 어디에도 존재하지 않았던 내가
불쑥 신비하게 나타나던 그 날
나는 얼마나 뜨거웠던가.

손이 제 자리에 생기고 얼굴이 제자리에 생기고 눈이 꼭 있어야 할 자리에 박히고
내장이 빈틈없이 들어차고
손에 생긴 지문이
내가 이 세상에 단 하나밖에 없는 사람임을 증명하던 그 날
나는 한없이 뜨거웠다.

아, 산다는 건 이처럼 근본으로부터 뜨거운 것
나를 나타나게 하고 뜨겁게 한
그 신비로운 손을 덥석 잡는다.

뿌리 아저씨

태풍에 나무가 뿌리째 뽑혔습니다
열매를 매달고 있던 나무였습니다

아름다운 열매들과 가지들과 나뭇잎들과
뿌리가 누워서 울고 있었습니다
나무를 좋아하고 아끼던 새들이 모여들어
위로해 주었습니다

어린 새 한 마리가 물었습니다.
엄마, 처음 보는 이 아저씨는 누구예요?
흙을 잔뜩 묻히고 있는 이 못생긴 아저씨는 누구예요?
너무 지저분하고 더러워요.

뿌리 아저씨란다
뿌리 아저씨가 없었으면 우리가 좋아하는 가지도
나뭇잎도 열매도 없었을 거야.

*그는 주 앞에서 자라나기를 연한 순 같고 마른 땅에서 나온 뿌리 같아서 고운 모양도 없고 풍채도 없은즉 우리가 보기에 흠모할 만한 아름다운 것이 없도다(이사야 53:2)

해가 힘 있게 돋음같이

주님, 성경 사사기 5장 31절 말씀을
우리의 새해 아침에 보내주소서

여 사사 드보라,
그녀를 따르는 바락이
주를 사랑하는 자는
해가 힘 있게 돋음같이 해 달라고 노래한 그 말씀을
우리의 어둡고 연약한 새해 아침에 보내주소서

주님을 사랑하면 해가 힘 있게 돋음같이 된다니
주님을 사랑하면 정녕 그렇게 되는 것입니까?
아이도, 젊은이도, 늙은이도, 장애인도,
죽음 직전에 있는 사람도
주님을 사랑하면
해가 힘 있게 돋음같이 되는 것입니까?

크게 낙심하고 상처받은 사람도
주님을 사랑하면

해가 힘 있게 돋음같이 되는 것입니까?

해돋이를 그저 바라보기만 해도
우리가 직접 그런 해처럼 된다는 게
너무 반갑고 놀랍습니다.

세계를 만드신 웅장하신 주님을 사랑합니다.
우리를 남자와 여자로 만드신 절묘하신 주님을 사랑합니다.
예쁜 꽃을 만드신 주님을 사랑합니다.
우리 죄를 용서하시고 영생을 주신 주님을 사랑합니다.
우리의 괴로움을 마음 깊은 곳까지 찾아오셔서
위로해 주시는 주님을 사랑합니다.

깊은 밤에도 해가 힘 있게 돋음같이 하옵소서.
올 한 해 사는 동안 시도 때도 없이 주님 사랑하여
시도 때도 없이 해가 힘 있게 돋음같이 하옵소서.

거룩한 꽃

원하는 꽃을 꼭 피우고 싶으시면
원하는 꽃씨를 뿌리세요.
다른 방법은 없어요

거룩한 꽃을 피우고 싶으시면
거룩한 하나님 말씀의 씨를 뿌리세요
다른 방법은 없어요

사랑의 향기,
용서의 향기
오래 참음의 향기
가득 풍기는 거룩한 꽃이여
어느 날 우리의 꽃밭에
그 거룩한 꽃이 만발할 겁니다

하나님이 보시고 심히 좋아하시겠지요
마음 슬픈 사람 누군가가 오랫동안
아주 오랫동안 그 꽃 앞에 머물러 있겠지요.

마음의 입으로 부르는 노래

나는 노래 부르기를 좋아한다. 노래 부르는 장소는 우리 집과 내 자동차 안이다. 악기 없이 내 입으로만 부른다. 내가 주로 부르는 노래는 찬송가와 국내외 가곡과 사운드 오브 뮤직 등 영화 주제가와 옛 동요 등이다. 내가 사는 충주에서 서울까지 가는 시간은 대략 2시간쯤이다. 이 노래들을 부르며 달리노라면 2시간이 훌쩍 지나간다. 이렇게 좋아하는 노래들을 편도선암 발병으로 6개월째 부르지 못하고 말을 제대로 할 수 없게 되었으니 노래는 더욱 할 수 없게 된 것이다.

어느 날 나는 노래 부르고 싶은 생각이 간절하여 마음의 입으로 노래 부르기를 시도하였다. 찬송가부터 부르기 시작했다. 5-6곡 부르는 동안 입으로 부를 때와 똑같은 감동이 느껴졌다. 그런데 다른 노래는 조금 부르다가 부르기를 포기하였다. 그 노래들은 찬송가 부를 때와는 달리 감동이 따라오지 않았다. 난 이때 찬송가와 다른 노래들과의 차이를 생각했다. 찬송가는 영원하신 하나님의 사랑을 송축하는 것이기에 입으로 부르나 마음의 입으로 부르나 진심을 다하여 부르기만 하면 하나님이 감동을 주시는 것이기에 다 똑같은 감동이 있는 것이다. 그러나 다른 노래들은 어떤가? 인간이 만든 노래이기에 감동을 주는 데는 한계가 있다. 이 노래들은 마음의 입으로 부르면 흥이 덜 나고 입으로 불러야 제맛이 난다.

    시편 150편에 호흡이 있는 자마다 여호와를 찬양하라고 하셨다. 찬양자의 조건은 훌륭한 목소리가 아니고 호흡이 있는 자라고 하셨다. 나처럼 목소리가 나오지 않는다 해도 지금 호흡이 있다면 마음의 입으로라도 찬양함이 마땅하리라.

민들레 추억

2005년 봄 나는 여주 밀알 사마리안장애인쉼터 센터장으로 부임했다
좁은 골목길 허름한 집이었던 쉼터
서울 촌놈, 낯설어서 서먹서먹하고 꽃샘추위까지 닥쳐서 썰렁했다
그 무렵 나를 안아 준 민들레 한 송이, 우리 쉼터 바깥 담장 밑에 핀 조그만 민들레 한 송이를 발견했다.
민들레는 그 조그만 몸으로 나를 단번에 덥석 안아 주었다.
어찌나 따뜻했던지, 어찌나 오묘했던지
나는 들여다보고 또 들여다보았다.
민들레가 목련처럼 키가 컸다면 휠체어를 탄 나는
그처럼 따뜻한 만남을 갖지 못했을 거다
나뿐만 아니라 그 골목을 지나다니던 어린아이도,
폐지와 고물을 잔뜩 싣고 가던 자그마한 할머니도
가까이 그를 보지 못했을 거다.
문득 이런 생각이 든다. 하나님이 민들레 옷을 빌려 입고 나타나셨던 건 아닐까, 예수님이 낮은 말구유에 나신 거나 작은 사람들의 친구가 되어 사신 것을 보면 정말 그런 것 같다는 생각이 든다.

나의 다리에게

세 살 때 소아마비에 걸려
발육하지 못한 나의 두 다리야
늘 가늘게
힘없이 달려있구나

대신
손이 다리 노릇을 하고
목발과 휠체어가 다리였지
미안해하지 마라
다리의 본분을 다하지 못했다고
우울해하지 마라
위축되지 마라
나의 다리야

괜찮다
너도 내 몸이니

너를 사랑한다
네가 나의 전부라고
생각하지는 마라
네가 내 몸의 전부는 아냐

네가 나의 전부라고
생각할 때도 있지만
한 부분일 뿐이지
분명히 한 부분일 뿐이야.

하나님의 판단

로마서 11장 33절은 나에게 깊은 감동을 준다.

"깊도다, 하나님의 지혜와 지식의 풍성함이여 그의 판단은 헤아리지 못할 것이며 그의 길은 찾지 못할 것 임이로다."

편도선암 투병을 하면서 나의 편도선암에 대한 하나님의 판단은 무엇일까 라는 생각을 많이 하였다. 왜 하나님은 나에게 편도선암을 앓도록 하셨을까? 이에 대한 나의 결론은 항상 똑같았다. 왜 그런지 알 수 없지만,

하나님의 판단은 100% 옳을 것이라는 거다.

나의 이 결론은 하나님의 지혜와 지식이 풍성한 것을 100% 믿기에 나온 결론이다.

많이 아파서 글을 쓰지 못하다가 이 글을 꼭 쓰고 싶어서 쓰고 있는 지금도 나는 통증과 어지러움에 시달리고 있다.

내가 왜 이런 고난을 겪어야 하는지 알 수는 없다. 그러나 확실히 아는 것은 하나님의 판단이 나에게 가장 소중하고 영화로울 것이라는 점이다. 그분은 당신의 피로 사신 사랑하는 자녀들에게 가장 좋은 것을 주시는 분이기 때문이다.

그렇기에 죽든지 살든지 감사 외에 드릴 게 없다.

박혜원

밀알기독문학회

상록수(글, 그림 작가 모임) 회원

다이아몬드를 얻는 기쁨보다는

　　남편과 다이아몬드 게임을 했다. 말을 넘으며 반대편에 먼저 도착하는 사람이 이기는 게임이다. 나는 내가 이기려고 상대편의 갈 길이 보이면 막으려고만 하는데 남편은 대개 그러지 않고 자기 갈 길을 간다. 한 번은 남편이 내가 가는 길을 이렇게 저렇게 막으며 길을 열어주지 않았다. 계속 막을 수도 있는데 어느 순간 열어주었다. 게임 결과는 아슬아슬한 점수 차이로 승패가 났다. 서로 함박웃음을 짓게 만드는 게임이었다. 멋지다고 느꼈다. 남편은 게임은 이렇게 하는 것이라고 했다. 그 말에 멋진 감동이 느껴졌다. 또 오래전 들었던 멋진 말도 생각이 났다. '스포츠에는 휴머니티가 있습니다.' 스포츠에 매력을 느끼게 되는 계기가 되었다.

　　인생도 성공하려고만 하는 삶보다 때로는 즐기려고 하는 삶도 필요할 것이라는 생각이 들었다. 인생의 멋진 삶도 필요할 것이며 인생을 풍요롭게 할 것이라는 생각이 들어서이다.

백원욱

1962년~1992년

밀알기독문학회 창단을 계획하고 제의했다.

1992년 밀알기독문학회 창단을 한 달 앞두고

전동휠체어 추락 사고로

서른 해의 삶을 마치고 하늘로 돌아갔다.

내가 만난 예수 하나님의 사랑하심을 향하여

어느 하루, 새벽에 일어나 고요히 무릎 꿇고 기도드린다. 캄캄한 방 안에 혼자 청아한 목소리로 하나님께 기도드린다. 몇 시간 흐른 뒤, 하늘로부터 내려오는 밝은 빛에 나의 가슴은 벅차오르고 기쁨이 넘친다. 문득 이제까지 받아온 하나님의 사랑을 감격스런 마음과 영혼으로 다시 되새겨본다. (중략)

앉지도 서지도 못하는 몸으로 교회에 출석

1962년에 태어난 나는 어려서부터 뇌성마비로 자라나 많은 어려움을 겪었다. 몸은 균형이 잡히지 않고 제대로 일어나 앉지도 서지도 못했다. 그런 상황에서 어떤 여전도사님이 나를 교회에 바래다주고 예배를 드리게 했다. 그 뒤로부터 몇 년 간 가족과 동네 여전도사님과 함께 많은 교회와 기도원에 다니게 되었다. 그리하여 믿음이 점점 자라고 몸이 좋아지기 시작했다. 그러나 무엇보다도 감사한 것은 하나님의 사랑이 나의 모든 것을 잡아 주시고 지배하심이었다.

무릎으로 기어 다녔던 것이 세대로 일어나 앉을 수도 있었다. 할 수 없었던 일들을 스스로 해보려고 온갖 노력을 기울였다. 난 사람들에게 업혀 교회에 나

가는 것이 제일 기뻤다.(중략)

그러나 나는 글을 배우지 못해 성경을 읽을 수 없었다. 그것이 제일 안타까웠다. 나는 눈물로 하나님께 성경이 보고 싶다고 기도하기 시작했다. 그런데 1970년 봄 어느 날, 예수님이 찾아오셔서 "내가 너에게 한글을 가르쳐주마." 하시고 영화처럼 큰 화면에 한 글자 한 글자를 열심히 가르쳐주셨다.

그렇게 한글을 단숨에 깨우친 나는 성경을 찾아 읽기 시작했다. 밤을 지새우는 일이 성경을 덮을 때까지 계속되었다. 성경을 다 읽고 나서 난 너무나 감격스럽고 기뻐 하나님께 울면서 감사의 기도를 드렸다. (중략)

홀로 일어서도록 해주신 하나님 사랑

내가 교회에 출석하기 위해서는 남의 도움이 필요했다. 나는 늘 교회를 업혀 나가야만 했던 것이다. 그런데 1974년과 1975년엔 사람들이 나를 업지 못했다. 내 몸이 점점 자라나 무거워진 나를 업을 수가 없었던 것이다. 그래서 결국 교회에 가지 못하고 항상 슬픔에 젖어 들게 되었다.

너무나 안타까운 마음으로 하나님께 호소하고 하나님의 사랑을 구하였다. 그러다가 1975년 4월 봄, 문득 다락 속에 처박혀있는 목발을 생각해 낼 수 있었다. 나는 목발을 꺼내서 내 키에 맞도못 맞춰놓았다. 그러나 그것을 짚을 만한 용기가 나지 않았다. 그래서 다음날 새벽에 교회의 새벽예배 때에 나가기로 결정하였다.

다음 날 새벽 4시, 나는 일어나 한 쪽 손으로 벽을 짚고 집 밖으로 내려가 목발을 잡았다. 나는 목발을 잡고 짚어 보았다. 짚는 순간 몸은 앞으로 고꾸라

졌다. 이마에 피가 맺히고 팔에 상처가 났다. 한쪽 손으로 상처를 대강 닦고 다시 일어나 목발을 잡고 다시 걸어보았다. 그러나 다시 넘어지고, 나는 또다시 상처 속에 일어나 걸어갔다. 수없이 계속해 보았지만 도저히 혼자서 갈 수가 없었다. 나는 다시 집으로 돌아가 작은 누나를 깨워서 도움을 청했다. 20분.이면 갈 수 있는 거리였지만, 나는 가는 도중에 넘어지고 다시 일어서고 다시 넘어지고 일어서고 해야 했기에 시간이 많이 걸렸다.

두 시간이 흘렀음까. 나는 교회에 도착했다. 나는 교회에서 무릎을 꿇고 감격의 눈물을 흘리며 하나님께 기도드리기 시작했다. 땀에 범벅이 된 온몸은 상처를 입었지만 하나님을 향한 기쁨에 온몸은 가늘게 떨렸다. 나는 혼자 힘으로 도저히 걸을 수 없었지만, 하나님께서 크신 사랑으로 용기와 희망을 주시고 나를 꼭 붙드셔서 혼자의 의지로 목발을 짚고 걸을 수 있도록 역사하신 것이다. (중략)

"얘야, 너는 나의 사랑이요 보배란다.!"

이처럼 목발을 짚고 여러 곳을 다니게 되니, 많은 사람들을 만나게 되고 많은 이야기를 나누게 되었다. 그러나 많은 이야기들 속에서 나의 존재는 아무것도 아니었다. 장애가 심하고 배우지 못하고 직업을 갖지 못한 나의 상황들은 나의 모든 인생을 절망으로 몰아갔다. 사람들은 나를 평가절하하고 쓸모없는 인간으로 취급했다.

내가 어떻게 해야 할 것인가를 많이 생각했다. 그리고 내가 할 수 있는 것들을 찾아보았다. 그래서 직업을 가져보려고 기술을 배우려 재활원에 찾아가기도 했다. 그러나 모든 곳에서 나는 장애가 심하기 때문에 기술을 익힐 수 없다고 거부했다. 나는 방황하기 시작했다. 내가 할 수 있는 일이 아무것도 없음을 알았기 때문이었다.

    나는 방황과 절망 속에서 가장 친했던 사람들과 헤어지며 결국 죽음을 결심하게 되었다. 죽음으로 가기 위해 아무도 모르게 준비를 했다. 그러던 1978년 크리스마스 이브, 나는 거리를 방황하다 교회로 들어서게 되었다.
    그리고는 조용히 기도하기 시작했다. 그러나 절망 속에서 가슴 깊이 저며 오는 슬픔으로 눈물이 떨어지기 시작했다. 난 한 가지의 호소로 울부짖기 시작했다. 눈물과 땀방울이 뒤범벅이 되었다. 나는 얼과 정성을 다해서 기도를 하였다. 그런 가원데 뒤에서 부드러우면서도 슬픈 목소리가 나를 부르고 있었다. 처음에 나는 그 목소리를 알지 못했다. 계속해서 들려오는 소리에 난 눈물에 젖은 눈을 뜨고 주위를 살폈다. 그러나 아무도 없었다.
    나는 다시 기도하기 시작했다. 그러나 다시 들려오는 그 목소리는 더욱 부드러우면서도 처절하게 나를 부르고 있었다. 나는 안타까운 마음이 되어 그 목소리를 따라 창가까지 다가갔다. 그런데 창밖에는 놀라운 일이 펼쳐지고 있었다.

    종탑 위 하늘에 예수님께서 십자가에 피를 흘리며 매달리신 모습이 나타난 것이다. 예수님의 모습은 처참했다. 머리에는 가시관, 손과 발에는 못 박힘, 얼굴과 온몸에는 피투성인 채, 그 맑은 두 눈에는 피눈물이 흐르고 있었다. 예수님께서 떨리는 목소리로 망연히 바라보는 나에게 말씀하셨다.

    "얘야. 너는 나의 사랑이요 보배란다! 내가 너를 사랑하고 있단다. 너는 그 땅 위에서 내 모습을 찾아보아라, 지금 너와 똑같은 모습, 그 땅 위에서 고통 받고 신음하는 그 모습이 곧 나의 모습이란다. 너는 그 땅 위에서 나를 찾아라, 그리고 사랑하라. 모든 장애인의 모습에서, 모든 고통 받는 자의 모습에서 나를 버리지 말아라."

피눈물을 쏟으며 절규하듯이 말씀하시는 예수님의 모습을 보며 나는 눈물만 흘리며 가만히 바라볼 수밖에 없었다. 이때부터 나의 삶은 변화되기 시작했다. 모든 절망에서 벗어나 하나님의 사랑에 의존하고, 하나님께서 내게 하시고자 하시는 일들과 내가 할 수 있는 모든 것을 찾아보았다.

하나님께 의지하며 독학으로 공부

한해를 넘겨 1979년이 되었다. 그때 바로 생각한 것은 하나님의 일을 하기 위해 무엇인가 준비를 해야 한다는 것이었다. 공부해야 한다는 것을 깨닫기 시작했다. 그래서 나는 그해 2월부터 초등학교 과정부터 독학을 시작하기로 하였다.

물론 혼자 공부하는 것은 어렵고 힘들었다. 그러나 정말 열심히 공부했다. 주위의 반대에도 불구하고 힘들어도 나는 하나님만을 의지하면서 공부를 계속했다. 그해 8월 초, 나는 중학교 입학 검정고시를 보고 합격하였다.

나는 또다시 그해 10월부터 중학교 과정을 준비하기 시작했다. 그러나 책이 없어 처음부터 고생을 하게 되었다. 책을 빌리면서 그 어려움을 이겨냈다. 그 누구의 가르침도 받지 못했지만, 난 좌절하지 않고 혼자서 열심히 공부하였다.(중략)

공부를 계속해서 1982년 4월에 고등학교 입학자격 검정고시를 치르게 되었고, 결국 고입 검정고시에 합격하였다. 나에 대한 하나님의 사랑은 끝없이 펼쳐져 나는 학업에 대한 노력과 의지를 계속해서 불태울 수 있었다. 나는 어느 고마우신 분의 도움으로 책을 준비하고 1982년 10월부터 고등학교 과정을 공부하기 시작했다.(중략)

기초에서 출발한 공부였지만 전혀 이해할 수가 없었다. 나는 심한 패배감에 사로잡혀 방황하였다. 나는 어찌할 바를 모르고 하나님께 기도를 하였다. 나는 배울 수 있는 학원을 찾아 공부하고 싶었다. 하지만 집안이 어려워 나를 도울 수가 없었다.

그런 상황 속에서도 하나님께 기도하고 의지하면서 어머님과 가족들에게 부탁을 하고 애원했다. 결국에는 1983년 12월부터 혼자서 자취생활을 하면서 학원에 다니기 시작했다. 혼자서 자취하고 공부하면서 학원에 다니기 때문에 상당히 어려웠다. 새벽부터 밤1시가 넘어서까지 공부에만 열중했다. 너무나 피곤해 코피를 흘리면서도 나는 하나님께 모든 것을 의존하면서 공부하는 데 열심을 다했다.

나는 1984년 8월에 고등학교 과정 합격을 하였다. 정말이지 하나님께서 나에게 모든 것을 주셨다. 내가 갖지 못했던 초등학교, 중학교, 고등학교 과정을 다 거치게 해주셨고, 내가 가진 장애까지도 극복하게 하시었다. 그건 바로 하나님의 뜻이요, 사랑하심의 표현이었다.

장애인이란 이유 하나만으로 거절당한 대학입학

　내가 그동안 대학 시험을 본 것은 6년간이었다. 1984년 12월 시험부터 시작하여 1990년 1월에 이르기까지 많은 대학에서 대학시험을 보면서 장애인으로서 많은 어려움을 겪었다. 또 많은 대학에서 얼마나 많은 거부를 당해왔는지 모른다. (중략)

　나에게 있어 포기하는 것은 곧 죽음과 마찬가지였다. 입하거부를 당할 때마다 난 공부를 포기해야 하는 상황 속에서 죽음이라는 엄청난 순간을 맞이하기도 했었다. (중략)

　그러나 예수님께서 피 흘리시며 십자가에 달리신 모습으로 내게 오셔서 죽음을 막으시고 다시 부활하는 나의 모습이 되도록 하셨다. 나는 세상에서 거부를 당해왔지만 예수님은 내게 세상에서의 승리를 주셨던 것이었다.
　나는 지난해 강남대학교에서 시험을 치렀다. 그때 학교 측에선 내가 뇌성마비 장애인이라는 이유를 떠나 입학을 허락하였다. (중략)

하나님의 영원한 사랑, 시에 담아…….

　이제 나의 시(詩)들에 따뜻이 베푸시는 하나님의 사랑을 잠시 표현해 보고 싶다. 나는 혼자 있을 때가 많다. 그때마다 항상 주위는 조용하다. 나는 깊은 명상에 잠기고 고요히 흐르는 달빛과 별빛의 선을 바라본다. 그리고 떨어지는 눈물을 그대로 두면서 우러러 하늘을 향한다. 고독함이 밀려오고 점점 외로워질 때, 가난한 영혼이 안은 고통을 온몸으로 느낄 수 있다.

한 분만의 사랑을 비밀스럽게 갖고 싶은 마음과 함께 나의 인생 전부를 실은 시상(詩想)이 조용히 떠오른다. 거기에서 느껴지는 하나님의 사랑하심은 정말로 놀랍다. 세상에서 느껴지던 불결함과 나의 인생에 드리워진 절망감, 거기에 가난과 방황과 고독과 장애 등을 난 시를 통해 극복해가고 있다. 그러면 나의 마음과 영혼이 순수해지고 깨끗해지고 밝아진다. 그때 비로소 또 하나님께서 내리신 신앙 과 사랑과 진실과 희망 등을 시로 표현하게 된다.

그때 나의 마음은 하늘로 향해지고 기쁨과 슬픔을 함께 표현할 수 있는 기원으로 마음이 모아진다. 난 이 세상 모든 것을 사랑하고 싶은 안타까운 영혼이 되어 하나님께 기도드린다. 그리고 고요히 흐르는 눈물 속에서 맑고 밝은 하늘의 빛을 바라본다. 하나님의 사랑하심은 모든 것을 표현하는 시들에 따뜻이 베풀어진다.

앞으로도 더욱 그분의 사랑하심에 나의 모든 것을 바치겠다. 예수님의 모습을 찾아 장애인을 위하여, 모든 고통 받는 자를 위하여 하나님의 사랑하심을 나의 모든 것에서 발현해 보고 싶다.

오세호

(높은 뜻 정의교회 장로)

서울대학교 사범대학 체육교육학과 졸업

연세대학교 교육대학원을 졸업

고양중고등학교, 문산종합고등학교에 근무

1992년 '환난 날에 나를 부르라'

여운 간증 문학상 대상 수상

2015년 '그 몸으로 행복하게 잘 지내다니

그 비결이 무엇이더냐' 단독 수필집 발행(밀알)

대한민국휠체어합창단 단원

밀알기독문학회

기다림

"내가 진실로 속히 오리라"
"아멘, 주 예수여 오시옵소서"

어두운 세상 분주함에 잡히면
다시 오실 예수님 만날 수 없겠네.

베다니 앞
예수님 승천을 바라보던 사람들에게

흰옷 입은 두 사람의 증언
"너희 가운데서 하늘로 올라가신 이 예수는
하늘로 올라가심을 본 그대로 오시리라"

다시 오실 예수님 간절히 기다리는 자
다시 오실 예수님 확실히 만나보겠네.

나는

나는
하나님의 아들

두 손에 잡은 꿈,
욕심은 가고
사랑만 남아

휠체어 위에서
십자가 사랑 기쁘게 자랑하고 나누며
감사로 피어나는 기쁨

구하라

얍복강 나루에 혼자 남은 야곱
하나님과 밤새도록 씨름하다
아버지를 이기고 "이스라엘"이라는 이름을 얻었다

아버지는 아들에게 주는 것이 기쁨이라 하셨다
하나님 아버지께서도 아들이 구하는 것을 주시는 것은
기쁨이라 하셨다

하물며
간절히 구하는 것을 사랑하는 아들에게 주시지 않겠느냐
구하라, 찾으라, 두드리라
기도는 아들이 하나님 아버지께 드리는 효도다

간절히 구해서 얻은 것은 진주보다 값진 마음
'하체 마비 광야 사십 년 삶의 흔적'
"그 몸으로 행복하게 잘 지내다니 그 비결이 무엇이더냐"
내가 구해서 받은 간증의 선물이다.

선물 1

복음
하나님이 우리에게 주신
선물이다

"큰 은총을 받은 사람이여
두려워하지 말라
평안하라
강건하라, 강건하라
너는 내 사랑하는 아들이라
내가 너를 기뻐하노라"

하나님이 기뻐하시는
가장 좋은 나의 선택은
복음을 이웃과 나누는 것

지금 여기,
우리와 함께 계시는 하나님
말씀으로 사는 오늘이 하늘나라
복음이 내게 주신 선물이다.

나의 산 소망

나의 산 소망 오직 예수
나를 구원하시려고
영광의 빛으로 오신 예수

말씀으로 옷 입으신 하나님
비밀의 문, 지혜의 문 예수
십자가에 달려 죽음에서 부활하신 예수

어둠을 몰아내는 영광의 빛
온 세상 밝히는 참 빛 예수

어제나 오늘이나 영원하신
새 예루살렘 천국의 재판장 예수

의와 평강과 희락의 주인
나의 왕 나의 주 하나님 예수

신실하신 믿음의 반석 예수
나의 산 소망 오직 예수

예수님의 승천과 재림

어두운 세상 분주함에 사로잡히면
다시 오실 예수님 만날 수 있을까?

"성령이 너희에게 임하시면 너희가 권능을 받고
예루살렘과 온 유대와 사마리아와 땅끝까지 이르러 내 증인이 되리라"
이 말씀을 마치시고 그들이 보는 데서 올라가시니
구름이 그를 가리어 보이지 않게 하더라

베다니 앞에서 예수님 승천하실 때
제자들이 하늘을 쳐다보고 있었다
예수님 승천을 쳐다보던 제자들에게
흰옷 입은 두 사람이 말했다.
"너희 가운데서 하늘로 올라가신 이 예수는
하늘로 올라가심을 본 그대로 오시리라"

오늘 나에게 하신 약속
'아멘, 주 예수여 오시옵소서'

회개하라

죄인 한 사람이 회개하면
하늘에서는 회개할 것 없는 의인 아흔아홉으로 말미암아
기뻐하는 것보다 더 기뻐하리

회개하고 돌아온 둘째 아들에게
제일 좋은 옷을 입히고 손에는 가락지를 끼우고
발에는 신을 신기고 살진 송아지를 잡아 잔치하셨다

흑암에 앉은 백성이 큰 빛을 보았고
사망의 땅과 그늘에 앉은 자들에게
빛이 비춰었도다

회개하라 천국이 가까이 왔느니라
회개는 오롯이 하나님 아버지께
최고의 기쁨이고 영광이어라

순천만 갈대숲

순천만 갈대숲, 둘레길
수정이, 미소 향기 날린다
세호도 좋아서 달린다
만섭도 신바람 났다
갈대숲 둘레길을 휠체어를 타고 달린다

가랑비와 동행하며
도란도란 이야기꽃을 피우고
스치는 얼굴마다
즐겁고 행복하다

갈대 숲속
게, 짱뚱어 등등
꿈틀대는 신비한 생명의 자연

날마다 기막힌 새벽

말씀 속에서 빛을 찾으면
나는 빛이 된다

말씀 속에서 길을 찾으면
나는 길이 된다

생명나무 그리스도 예수
그 안에 나 있으면
구원의 기쁨 항상 일어
기쁜 말씀 선포된다

사랑하는 자여
우리 함께 가자
깨어나라 빛을 발하라

말씀 속에 길
말씀 속에 빛
날마다 기막힌 새벽

오늘

보라
오늘이
여호와의 날

돌이키라
회개하라
예수님 말씀

신실하신 하나님
하나님 아버지 앞
나는 신실하게 마주 서리라

선물 2

사랑하는 주영아
어린이날에 어떤 선물을 줄까?

우리 집 정원의 북한산의
맑은 물소리, 새들의 노랫소리,
상쾌한 공기에 꽃향기 담아낸 선물

누가 물으면
하나님 아버지 선물이라고 말하렴. 주영아

이만섭

밀알기독문학회

SIW(Strength In Weakness) 중보기도 대원

감사할 일

나는
하나님 아빠께
감사할 일이 많다

한 번 죽었다가
살아난 이 생명
다시 생명 연장되어

할렐루야
오늘도 내일도
찬양하리라

금복이

비가 내린다
나의 마음도 비가 내린다
금복이가 보고 싶어서

사람들은
그깟 강아지라고 생각하겠지만
나는 다르다
개에게도 생각이 있다고

금복이는
하나님의 선물
외로운 나에게 벗이 되어준
금복이

꿈속에서 엄마를 만나다

꿈속에서 엄마를 만났다
인자한 그 모습
예전과 같았다

아름다운 엄마의 모습
너무 좋았다

옛날 모습 그대로
천국에서 사시는구나
감사했다.

나무 십자가

나무 십자가에 매달려
죽임당하신 예수님

모든 것 다 주셨네
우리를 위하여

그 사랑
어찌 다 갚을 수 있을까?

나 같은 죄인을
살리신 예수님 사랑

단풍놀이

빨간색
노란색으로
갈아입고 소풍을 간다

나무도
새들도
가을 속으로 소풍을 간다.

저 천국으로 한 걸음

느리긴 해도
가고는 있어
조금씩 조금씩

늘 그래 왔잖아
조금씩 조금씩
한 걸음씩 가는 거야

예수님이 계시는
저 천국으로 한걸음
조금씩 조금씩 나아가는 거야

별

참 아름다운
밤하늘 별

하나님의 손으로
만들어진 별

말로는 표현할 수 없는
주님의 솜씨
정말!
놀라워라.

이석희

저서 '은혜로다 주와 함께', '걷지 못하는 자유'

전 경남밀알문학회 회원

현 한국밀알선교단 SIW 간사/밀알보 편집위원

현 밀알기독문학회 회원

현 부산생명수교회 파송선교사

현 더크로스처치 명예중보선교사

찬양곡 '은혜로다 주와 함께' 작사자

수상경력

2001년 한국밀알선교단 안문희 문학상 시 부문 2등

2009년 수레바퀴 문학상 장려상 수상

2011년 장애인 문화제 글쓰기 최우수상 수상

솟대문학 1회 추천

시화전 3회 개최

부활

신실하게 나를 깨우는 새벽녘
깊은 어두움 과감히 찢어내는
예수 그리스도의 부활을 경험합니다

보지 않고 믿는 것이 복되다 하신
주님의 말씀 굳게 부여잡고
또 하루를 살게 해주신 은혜 속에
예수 그리스도의 부활을 취합니다

저녁에는 울음이 깃들일지라도
아침에는 기쁨이 오리로다(시 30:5)

근심, 걱정 뒤덮인 저녁
예수와 함께 죽고
기쁨으로 충만한 아침
예수와 함께 부활합니다.

걷지 못하는 자유

하나님 우리가 걷지 못하는 자유로
주님을 찬송케 하소서
우릴 쓰시려는 하나님의 열심이
장애로 임하였으니
우리가 그 손에 들려진 도구임을
기뻐하고 기뻐하게 하소서

하나님 우리가 듣지 못하는 자유로
주님을 찬송케 하소서
우릴 향하신 하나님의 음성이
침묵으로 임하였으니
침묵 중에 임재하시는
그 하나님을 만나게 하소서

하나님 우리가 말하지 못하는 자유로
주님을 찬송케 하소서

우리 모습 속에 하나님의 언어가
장애로 그려졌으니
그분만을 위한 찬송을
소리 없는 우리로 부르게 하소서.

하나님 우리가 보지 못하는 자유로
주님을 찬송케 하소서.
흑암 속에 하나님의 영광이
빛으로 임하였으니,
우리의 참 빛 되시는 주님을
고개 들어 바라보게 하소서

하나님 우리가 살아있다는 것만으로
주님을 찬송케 하소서
하나님이 불어넣으신 생기가
우리 속에 있으니
숨 쉬는 순간순간마다
주의 생기를 내뿜게 하소서.

나는 뇌성마비

"다 이루었다".
십자가의 마지막 외마디
하나밖에 없는 자신의 외아들 내어주사
내 모든 혼돈, 공허, 흑암을 찢으신
여호와 하나님의 뇌성

예수 그리스도의 크고 장엄한 십자가 사랑은
나에게 뇌성마비라는 은혜의 인을 몸에 새겨주었다.

그래서 예고 없이 내 몸은
보기 흉할 정도로 뻣뻣하게 뒤틀린다.
이리 꼬이고 저리 꼬인다.

어제도 오늘도 그리고 영원히
날 사랑하사 쏟아지는
하나님의 뇌성에 사로잡혀

꼼짝할 수 없는 나의 몸
나는 뇌성마비

결코 부인할 수 없는 십자가 사랑이 아로새겨진
하나님의 뇌성에 놀라 마비된 나는,
나는
세상이 부인할 수 없는 하나님의 아들이다.

봄, 하늘거리다

봄이 하늘거린다.
사시나무처럼 정신 잃은 몸놀림으로
겨울을 뚫고 나온 봄이 하늘거린다.

다정하게 쓰다듬으며
봄 햇살 한 줌이라도 더 안겨주려
거센 겨울바람에 지친 앙상한 가지가지
곧 돋아날 나뭇잎 반기라고 그렇게 하늘거린다.

긴 겨울 같았던 코로나의 대단원의 막을 내리며
보이지 않아 몰랐던
그래서 서로를 경계했던
두꺼운 마음의 칸막이를 녹여 내린다.

마음과 마음 사이 바삐 오가며
봄은 그렇게
또 한 번,
또다시 하늘거린다.

나를 여미다

너로 만족한다.
내 만족은 너다.

그래서 너를 허락하신
내 아버지 되신 그분 앞에서
나를 여민다.

땀이 피가 되기까지
그분의 뜻으로
나의 만족,
너를 소유하기 위해
나를 여민다.

여미고 또 여민다.

내 영혼 밝아지네

지치고 힘들어 내 눈 흐려질 때
연약한 고개 들어
성령께 초점 맞추면
그의 빛으로 내 영혼 밝아지네.

주는 내 영혼의 빛
고개 들어 내 눈
성령께 초점 맞추면
그 빛으로 내 온몸 밝아지네.

주의 아름다우심에 목말라
그 보좌 앞 깊이 더 깊이
주의 아름다우심에 이끌려
그 영광 앞 가까이 더 가까이

형용할 수 없는 주의 위엄
나를 덮어 감싸시는 위엄
주를 경배, 주를 경배해.

하나님이 움직이신다

짜임새 하나 없는 혼돈함
쓰라리고 쓰라린 텅 빈 공허함
동서남북 분간하기 어려운 캄캄한 어둠
아무 형체도 없었던 태초에
움직이셨던 하나님이

반듯함이 아닌 흐트러짐 투성이
생기도 없고 어둠만이 깊이 덮은 삶
이리저리 뒤틀려 꼬여버린 몸
그래서 천한 것들로 여겨지는
장애라는 짐바리와 같은 우리의 삶에
하나님이 임하셨다.

아무도 쳐다보지 않는,
나조차 경멸했던 장애의 삶에
맨발로,
하나님이 움직이신다.

예수 그리스도

자빠지고 넘어지고 꺼꾸러트림을 당해도
걷지 못한다 놀림을 당해도
그 모습으로 왜 사느냐 조롱에 짓밟혀도
그래도 내 삶이 설명될 수 있는 이유

자빠지고 넘어지고 꺼꾸러트림을 당해도
아무것도 할 수 없다 조롱이 날 짓눌러도
아무것도 모른다고 입을 막아도
그래도 내 모습이 설명될 수 있는 이유

그 은혜 아니면 어찌 내가 살아 가리요
그 은혜 아니면 어찌 내가 숨 쉴 수 있으리오

내가 설명될 수 있는 이유
내가 존재할 수 있는 유일한 이유

임마누엘, 예수 그리스도!

나의 하나님

바라볼 곳 없어 보는 것이 아니라
당연히 보아야 하기에

필요해서 찾는 것이 아니라
당연히 찾아야 하기에

아무도 없어 부르는 것이 아니라
당연히 불러야 할 이름이기에

하나님,
나의 주 하나님!

50년 휠체어 인생길

참 멀리도 왔다.
끈질기게 왔다.
50년 휠체어 인생길

어떻게 왔는지
때로는 발에 차이는 돌맹이가 가로막아 울었고
때로는 띄지도 않는 핀에 바퀴에 펑크가 나
그나마 있었던 삶의 의지에도 바람이 빠졌다.

거친 50년 휠체어 인생길 어떻게 왔는지
내 다리가 아닌 휠체어를 타고 왜 그리도 왔는지
불쑥불쑥 드는 안쓰러움에 되돌아보니
걸어온 길목 길목
한 몸이 되어버린 그분의 그림자.

나보다 더 아파하며

나보다 더 힘들어하며
휠체어 채로 넘어질 때면
나보다 더 땅을 치며 울고
그런 모습에 돌팔매질 당하면 가슴 찢으며
꺼이꺼이 우시는 주님이 계셨다.

"잘 왔다! 잘 왔다!"
주님 칭찬 레드카펫 깔린
50년 휠체어 인생길

주의 은혜라
오직 주의 은혜라.
주의 은혜라
정말,
주의 은혜라.

나의 용기

하나님! 오늘은 내 마음을 좀 털어놓고 싶습니다. 장애를 갖고 사는 것이 만만치 않을 것이라는 것쯤이야 하나님께서 누구보다 잘 아실 겁니다. 그래서 말입니다. 하나님! 끝이 보이지 않을 바에야 한순간이라도 이 장애의 굴레에서 벗어나고 싶습니다. 아니 날마다 그 욕구에서 발버둥치고 있는 내 모습입니다. 장애를 '유용한 도구'라고 수도 없이 고백했지만 모르겠습니다.

하나님! 장애의 삶이 참 힘들다는 생각이 많이 드는 요즘입니다. 이제는 몸 하나도 움직이는 것이 숨이 찹니다. 언어장애로 아직도 오해를 받을 때면 억울합니다. 나도 생각이 있는 사람인데 발음이 조금 이상하다해서 아무 생각이 없는 사람처럼, 정신 이상자처럼 취급받을 때면 눈이 돌아갈 정도로 미쳐버리겠습니다. 변기에 앉지 못해 어쩔 줄을 모르는 내 모습도 참 한심합니다. 아무 생각 없이 변기에 앉는 평범함이 왜 허락되지 않았는지, 오히려 대변이 마려울까봐 노심초사하는 모습이 안타깝습니다. 하나님! 분명히 하나님은 그런 상황에도 옆에 계신 줄 압니다. 그렇다면 하나님! 그런 모습에 어떤 생각이 드셨는지요?

남들이 아무렇지도 않게 숟가락을 잡는 것을 보면 참 신기할 때가 있습니다. 그것이 묘기처럼 보입니다. 오히려 숟가락을 잡지 못하는 내가 당연한 것처럼 여길 정도로 신기합니다. 왜 그런 평범함이 허락되지 않았는지, 아니 왜 그런 평범함을 허락하시지 않았는지 직접 묻고 싶습니다. 하지만 하나님, 그 이유가 어떠하든지 당연히 옳을 것입니다. 왜냐하면 하나님은 언제나, 모든 것이 옳으니까 말입니다. 그럼에도 그 옳음 앞에서 언제까지 물음표를 가지고 살아야 합니까? 때로는 그 물음표가 더 크게 보이고 무거울 때가 있습니다.

분명히 이 장애를 통하여 하시고자 하는 하나님의 일이 있음에도 그렇게, 그렇게 힘들 때가 있습니다. 하나님, 이 심정을 이해하시는지요. 이제는 장애가 익숙할 법도 한데 순간순간 낯선 손님처럼 여겨지는 이 당황함을 헤아리고는 계시는지요? 감사함으로 하나님을 바라보다가도 닭이 언제 낳았는지 툭 나와 있는 달걀처럼 내 생각 속에 나를 뚫어지게 보고 있는 장애. 낯선 이 기분을 하나님은 아시는지요. 하나님도 경험해 보셨는지요? 옛날에는 장애로 인해 억울하면 억울하다고, 아프면 아프다고 눈물을 참 많이 흘렸습니다. 통곡도 해 보았습니다. 하지만 이제는 분명 아픈데 아프지 않은 이 감정, 내가 처한 상황을 어떻게 이해해야 할지, 분명 아픈데 아픔을 못 느낄 만큼 딱딱해진 이 마음을 주님은 아시는지요? 분명 아시는지요? 정녕 아시는지요?

술 취한 사람처럼 했던 말 또 하는 것 같아 미안합니다. 하나님 내 눈에는 분명 다리가 있는데 그 다리는 왜 제 기능을 못할까요? 손으로 아무렇지 않게 컵을 잡을 수 있을 것 같은데 왜 잡을 수 없을까요? 이상하다 못해 참 신기합니다. 왜 그런지 궁금합니다. 생각대로 왜 움직여지지 않는지 팔과 다리는 왜 나의 생각을 모른 척하는지 모르겠습니다. 장애를 가졌다고 사람들에게 외면받는 것도 슬픈데 한 몸뚱이인 팔과 다리에게조차 외면 받는 것 같아서 참 슬픕니다. 하나님 만약 이 감정을 하나님께서 느낀다면 어떤 감정인지 궁금합니다. 아뢰옵기 황송하지만 내가 겪는 어려움을 보고 우셨다면 얼마나 눈물을 흘렸는지 궁금합니다. 울고 싶어도 이제는 눈물이 나오지 않아 더 답답합니다. 나 대신 더 울어주실 수 있는지요? 더 통곡해 주실 수 있는지요?

편지를 쓰는 심정으로 하나님께 이렇게 구구절절이 쓰고 있습니다. 하지만 이 편지를 무슨 말로 마무리 지어야 할지 모르겠습니다. 사람들이 보면 넋두리라 할까요? 분에 넘쳐 미쳤다고 할까요? 너보다 더 심하고 불행한 사람이 있는데 무슨 쓰잘데기 없는 소리라고 할까요? 하나님! 하지만 분명 하나님은 그러시지 않을 것이라 생각합니다. 하나님은 말 한마디 한마디 손바닥에 새기고 마음에 새길 분이라고 믿습니다. 그래서 지금까지 하나님 당신을 나의 아버지로 여겨왔습니다.

하나님! 아무 일 안 하셔도 됩니다. 아무 소리 안 하셔도 됩니다. 그냥 알아달라고 하소연 하는 겁니다. 그냥 내 마음 읽어 달라는 겁니다. 그것이면 만족합니다. 그것이면 그냥 됩니다. 하나님! 하나님도 나를 알고 나도 하나님을 아는데 하나님께 무슨 요구를 하며 하물며 하나님이 창조하신 피조물인데 무슨 협상을 하겠습니까? 버릇없이 말입니다. 하나님 그냥 알아 달라는 겁니다. 못 걸어서 답답해하는 이 마음, 물 한 컵 마실 때, 대소변이 마려울 때 일일이 남을 불러야 하는 이 마음을 알아주세요. 하나님! 만약 마음에 모양이 있다면 그 모양대로 한번 쓰다듬어 주세요. 그것이면 됩니다. 그것이면 만족합니다. 아니 설사 이 편지를 쓴 이후에 또 불평하더라도 "그래 석희는 만족할 거야. 기다릴게. 나는 네가 있다는 것만으로도 만족할게. 나는 석희 너를 믿어!" 그 말

한마디 해주실 수 있다면 끝까지 살아갈 것입니다. 그리고 살아낼 것입니다. 넉넉히 살아내겠습니다.

이현주

밀알기독문학회

2006년 솟대문학 회원 가입

2007년 창조문예 수필부문 등단

2008년 국제펜클럽 신인상

2010년 6회 교과서관련 수필공모 장려상

국토해양부 바다이야기 공모 대상

인터넷 희망방송국 수기공모 대상

2011년 샘터문학상 특별상

시흥문학상 우수상

동서문학상 입선

대한민국 장애인문학상 가작

2015년 한국밀알선교단 믿음 소망 사랑의 글 최우수상

2016년 4회 청향문학상 수필부문 우수상

행복한 자화상

나는 거울 보기를 굉장히 좋아한다. 보통 심심하거나 마음이 우울할 때 거울을 보지만, 나는 무엇을 하든지 거울을 먼 저 보고 난 후 시작하는 버릇이 있어서 항상 내 곁엔 작은 거울이 놓여있다. 나는 정말 그 작은 거울이 뚫어질 정도로 몇 시간씩 거울을 보고 있을 때가 많다. 내가 그렇게 날마다 몇 시간을 할애할 만큼 거울을 보는 데엔 어떤 이유보다도 심오한 뜻과 추억이 담겨있기 때문이다.

그건 바로 행복한 자화상을 그리기 위함이다. 날마다 거울 속에 비친 내 모습을 보면서 나는 내 얼굴을 조각하고 있는 것이다. 내가 이렇게 날마다 거울을 보면서 내 얼굴을 조각하고 있는 것이라고 생각을 갖게 된 계기는, 비록 짧았지만 내 인생에 있어서 가장 든든한 밑받침이 된 내 학창 시절의 추억 속으로 거슬러 올라간다.

벌써 30년이 지난 일이다. 뇌성마비 장애를 안고 있는 나는 어렵게 초등학교를 마치고 중학교에 입학하게 되었다. 계속 배울 수 있다는 것만으로도 나는 한량없이 기쁘고 감격스러웠다. 그러나 중학교에 올라와서는 과목 수도 많아지고 필기도 점점 늘어났으므로 내게 큰 난관이었다.

하지만 내게도 가장 자신 있게 잘하고 즐거움을 주는 수업 시간이 있었으니,

바로 국어 시간이었다. 내게 국어 시간은 사막에서 만나는 오아시스와 같다고 나 할까. 국어 시간만큼 기다려지고 즐거운 시간은 없었을 것이다. 국어 선생님이 친절하고 상냥하셔서 그랬는지 몰라도 다른 친구들은 국어 시간만 되면 지루하고 어려워 잠이 온다고 하는데, 나는 오히려 국어 시간만 되면 머리가 맑아지고 정말 재미있고 신바람이 났다. 어떤 날은 국어 시간에 친구들은 모두 책상에 엎드려 자고 있어 선생님과 나만 열심히 서로 주고받는 그야말로 일대일 수업을 하는 경우도 있었다.

그때 중학교 국어 교과서에 실렸던 주옥같은 많은 글들과 시들은 지금도 내 가슴 속에 별이 되어 빛나고 있다. 그중에서도 교과서를 통해 깊이 있게 만나는 시인들과 시의 세계가 너무 좋았다. 시어 하나하나에 숨겨진 의미와 그 시를 쓴 시인의 심정과 동경을 엿볼 수 있다는 것이 마냥 신기하고 오묘했다. 어쩌면 그때부터 나는 문학의 길을 걸어가야 하는 사명감을 깨닫고 희망의 등불을 밝혀놓았으리라.

어느 날인가. 국어 시간에 교과서에 실린 글을 내가 어눌한 발음으로 소리내 읽었다. 그 글의 제목과 내용이며 지은이는 기억나지 않지만, 그때 글을 다 읽은 후 선생님 질문에 내가 대답했던 그 글 속에 글귀는 지금도 늘 기억한다. 선생님은 내게 이렇게 질문하셨다. "이 글을 읽으면서 가장 마음에 와닿는 글귀가 있다면 무엇이니?" 나는 그 글을 읽으면서 정말 마음에 와닿던 글귀인 '사람은 날마다 자신의 얼굴을 조각하며 사는 것이다.'라고 대답했더니, 선생님이 "어머, 그래 선생님도 그 말이 마음에 와닿았는데, 현주와 선생님이 공감했구나!" 말씀하시면서 빙그레 웃으셨다. 내가 선생님과 공감했다는 것도 기분 좋았지만, 정말 그 말이 내 마음에 메아리처럼 깊은 울림으로 와 닿았던것이다. 그리고 어떻게 하면 앞으로 '나의 얼굴을 아름답게 조각하며 살아갈 수 있을까?' 하고 의문을 품게 되었다.

그러다 중학교 3학년 때, 국어 교과서에 나온 윤동주 시인의 〈자화상〉이라는 시를 배우면서 그 의문의 해답을 얻었다. 그때 처음 윤동주 시인을 알게 되었다. 그때부터 윤동주 시인을 사모하게 되었고, 그의 시에서 샘솟는 순수한 생명의 숨소리와 매력에 나는 사로잡히고 말았다. 그 시절 〈자화상〉 시를 배우면서 나는 깨달았다.

산모퉁이를 돌아 논가 외딴 우물을 홀로 찾아가선 / 가만히 들여다봅니다. / 우물 속에는 달이 밝고 구름이 흐르고 / 하늘이 펼치고 파아란 바람이 불고 가을이 있습니다. / 그리고 한 사나이가 있습니다. / 어쩐지 그 사나이가 미워져 돌아갑니다, / 돌아가다 생각하니 그 사나이가 가엾어집니다, / 도로 가 들여다보니 사나이는 그대로 있습니다. / 다시 그 사나이가 미워져 돌아갑니다. / 돌아가다 생각하니 그 사내가 그리워집니다. / 우물 속에는 달이 밝고 구름이 흐르고 하늘이 펼치고 / 파아란 바람이 불고 가을이 있고 추억처럼 사나이가 있습니다.

그 시속의 사나이처럼 어쩌면 장애라는 그림자를 지닌 내 모습을 앞으로 살아가면서 거울에 비춰볼 때, 나 자신이 너무 초라해 미워지고 싫어서 돌아설 때도 있고 자기연민에 빠져 그저 주저앉아 눈물지을 때도 있겠지만, 나 자신이 먼저 있는 그대로의 내 모습을 인정하고 소중히 여길 때 비로소 행복해지고 희망이 찾아올 수 있다는 것을. 그리고 외모보단 내 마음과 영혼을 더 밝고 건강하게 가꿀 때, 비로소 날마다 나의 얼굴을 아름답게 조각하며 살아갈 수 있다는 것을.

그때 그렇게 깨달았던 것을 지금도 늘 기억하고 마음속에 새긴다. 오늘 이 아침에도 나는 중학생 시절 교과서에서 만났던 윤동주 시인의 〈자화상〉 시속의 등장하는 사나이처럼 거울을 들여다보며 하루를 시작하고 있다.

거울 속의 내 얼굴을 대할 때면 처음엔 마음에 썩 들지 않는다. 마흔 살 넘은 여자의 얼굴이라고는 믿기 어려울 정도로 무척 동안인 데다가, 왠지 바보스럽고 외롭고 초라해 보이기까지 하다. 거기에 늘 왼쪽으로 돌아누워서 자고 엎드린 자세로 앉아 있기 때문에 왼쪽 뺨과 눈 부위가 약간 부어 올라있다.

그리고 내 얼굴 표정은 한순간도 자연스럽지 못하다. 나는 주체할 수 없는 몸에 뒤틀림뿐만 아니라, 내 얼굴은 항상 힘겹게 일그러진 표정을 짓고 있다. 이렇듯 내 모습에선 내 또래 여인들에게서 느낄 수 있는 성숙한 매력과 향기는 찾아보기 어렵다. 한때는 이런 내 모습이 너무 밉고 싫어서 사진도 잘 찍지 않으려고 했다, 하지만 외모적인 아름다움만이 진정한 아름다움이 아님을 이제 나는 안다. 한참을 거울 속에 내 얼굴을 가만히 바라보고 있노라면, 왠지 모르게 마음이 편안해지고 측은해진다. 또한 그렇게 혼자 조용히 한참 동안 거울 앞에 있게 되면, 몸에 긴장감이 풀려 뒤틀림과 흔들림이 좀 잦아들고 얼굴 표정도 한결 자연스럽고 부드러워진다. 그럴 때면 내 얼굴이 참 귀엽고 사랑스럽게 보인다.

그리고 나는 환하게 웃는다. 그러면 어느새 내 삶의 평화롭고 정겨운 이야기와 풍경들이 언제나 잔잔하게 물결치며 흐르고 있음을 본다. 나는 이렇게 날마다 거울을 보며 나의 얼굴을 아름답게 조각하고 희망의 붓으로 행복한 자화상을 그리면서 살아가고 있다. 지금 그리고 있는 내 자화상이 완성되어 하늘나라 미술관 벽에 걸리는 그날, 혹시라도 내가 사모하는 윤동주 시인과 한자리에서 함께 보게 될 때에 밝고 따뜻하고 아름다운 영혼의 미소가 담긴 자화상이었으면 좋겠다.

들꽃의 영광

사람이라면 누구나 세상에서 인정받아 성공하고 싶은 욕구가 있는 법이다. 중요한 건, 그 사람이 갖고 있는 성공에 대한 가치관과 기준, 방향성일 것이다. 대부분 사람은 세상에서 높은 지위와 명예를 얻고 돈 많이 벌면 그게 정말 성공인 줄 안다. 하지만 그것은 단지 소유의 조건이지 행복의 조건은 아닌 것 같다.

예수님은 이렇게 말씀하셨다. "솔로몬의 모든 영광으로도 입은 것이 이 꽃 하나만 같지 못하였느니라"(마6:29). 솔로몬이 누린 영화가 들꽃보다 못하다고 생각하는 사람은 별로 없을 것이다. 그렇다면 예수님은 왜 이렇게 말씀하셨을까? 솔로몬의 영광은 소유로 인한 것이다. 그는 남들보다 탁월한 지혜와 지식을 소유했고, 금은보석이 많았다. 그가 통치하는 동안 나라도 부강했기에 어떤 위협도 받지 않았다. 주변 나라와 지도자들도 그를 부러워했고 존경을 표하러 찾아왔다.

그러나 그 부러움은 솔로몬의 소유 때문이었다. 솔로몬이라는 존재가 아니라 세상의 영광으로 옷 입혀진 솔로몬을 부러워한 것이다. 만일 솔로몬에게 지혜와 지식이 없고 재산과 권세가 없었더라면, 그를 부러워하지도 찾아오지도 않았을 것이다. 그 모든 소유가 사라진다면 사람들도 떠나고 영광도 떠날 것이다. 사람들은 솔로몬 자체를 좋아한 것이 아니라 눈에 보이는 그의 소유를 부러워한 것일 뿐이다.

들꽃은 다르다. 들꽃은 자신 외에 아무것도 가진 것이 없다. 하지만 사람들은 그 모습 그대로 좋아한다. 들꽃은 존재 자체로 사랑받는다. 무언가를 소유할 필요도 없고 가식의 옷을 입을 필요도 없다. 인정받기 위해 자신을 치장할 필요도 없다. 솔로몬의 영광이 소유로 인한 것이라면, 들꽃의 영광은 존재 자체에 주어진 것이다.

그런데 많은 이들이 솔로몬의 영광을 추구한다. 세상에서 소유가 곧 힘이기 때문이다. 많이 소유하면 더 많은 대접을 받을 수 있고, 다른 사람들을 지배할 수 있는 힘도 더 커지기 때문이다. 하지만 소유는 진정한 친구도, 진정한 행복도 가져다주지 못한다는 생각이 든다.

예수님은 지금 나에게 솔로몬보다 들꽃이 되기를 원하신다. 내가 아무것도 갖지 않아도, 그럴듯한 옷을 입지 않아도 존재 자체로 하나님의 사랑을 받고 있다는 사실을 알고 그 사랑을 누리길 바라신다. 그러면 나도 다른 사람들을 있는 모습 그대로 존중하며 사랑할 수 있게 되고, 그것이 바로 예수님과 동행하는 삶임을 깨닫게 되었다.

나는 이제 솔로몬의 영광보다 들꽃의 영광을 꿈꾼다. 누구에게도 상처 주지 않으며, 지나가는 나그네에게도 평화와 기쁨을 안겨 주는 들꽃의 영광을. 진정한 행복은 주변 사람들을 소중히 여기는 데에 있다. 주변 사람들을 위해 내가 축복의 통로가 되는 것이다. 들꽃처럼 주변 사람들에게 쉼과 평화, 희망과 기쁨을 주는 것이다.

인생은 예외 없이 무엇인가를 남긴다. 아름다운 추억과 향기를 남기는 사람도 있고, 무거운 멍에와 저주의 어둠을 남기는 사람도 있다. 축복의 통로가 되려는 거룩한 꿈을 지닌 사람이 지나간 자리에는 훈훈한 흔적이 남는다. 하지만 이기적인 행복과 세속적인 성공을 꿈꾸는 사람이 지나간 자리에는 어두운 흔적이 남는다.

그럼 내 인생은 무엇을 남길 수 있을까? 나는 솔로몬처럼 많은 것을 물려받을 것도 없고, 물려줄 것도 없을 것이다. 단지 들꽃처럼 생명을 물려받았을 뿐이고. 그 생명의 씨앗들을 남기고 싶을 뿐이다. 그래서 그 씨앗들이 들꽃이 되어 창조주의 정원을 더욱 아름답게 할 수 있기를 바란다. 들꽃은 홀로 우뚝 서지 않는다. 넓은 땅을 독차지하지도 않는다. 다른 피조물들과 더불어 창조주의 조화와 영광을 드러낸다. 나의 인생이 그렇게 들꽃처럼 닮아가기를 바란다. 나에게 그리스도의 향기가 풍기 기를 바란다.

새벽에 홀로 깨어

새벽 4시. 나는 언제나 깨어있다. 거북이 등처럼 딱딱하게 굳은 육체의 껍데기를 뒤집어쓴 나는 늘 왼쪽으로만 몸을 돌아누워 자기 때문에 한편으로 쏠린 팔다리가 저려오기 시작해 이때쯤이면 어김없이 깨어있기 마련이다.

이렇게 새벽에 매일 홀로 깨어난 순간부터 나만의 시간이 펼쳐진다. 물론 낮에도 혼자이고 비록 자리를 박차고 일어날 수는 없지만, 이 시간만큼 내게 활력을 주고 낮과는 다른 매력을 느끼게 하는 시간은 별로 없는 것 같다. 내게 이 시간은 아주 신성하다. 또한 아직 방안 어둠에 잠겨 졸고 있는 모든 사물 가운데 제일 일찍 새벽을 맞이한 나를 위해 존재하는 시간이다. 때로는 꼼짝없이 누워 어둠 속을 헤매는 내 눈동자가 음산한 기분마저 들게 하지만, 이 새벽 시간은 하루 중에서 가장 토실토실한 생각들이 내 머릿속을 꽉 채우고 마음도 가장 잘 깨어있다.

어느 때는 자리에서 눈이 떠지는 순간 낮에 잘 쓰이지 않던 글의 써야 할 주제와 잘 짜인 문장들이 서슴없이 떠오를 때도 있다. 이런 날은 운이 좋은 날이다. 대체로 아주 기분 좋게 깊이 푹 자고 깨인 날, 가끔 이런 횡재를 만난다. 그러나 이런 보기 드문 횡재를 만난 날 딱 한 가지 아쉬운 점이 있다면, 갓 구워낸 빵처럼 따뜻하고 말랑말랑한 생각들을 이 시간에 일어나 싱싱한 활자로 옮길 수 없다는 것이다. 내가 이 시간에 일어나 글을 쓰기 위해서는 누군가의 수고로운 손길이 필요할 뿐 아니라, 그런 누군가의 수고로운 손길이 내 몸에 닿을 때면 언제나 미안한 마음이 돌처럼 단단하게 굳어진다. 더구나 건넛방에 컴퓨터가 놓여있기 때문에 내가 새벽 시간에 글을 쓰기란 매우 부담스럽고 곤란한 일이다.

나는 겨우 자판에 얼굴을 묻고 내 뒤틀린 신체 중에서 가장 날렵하게 움직이는 혀로 힘겹게 더듬어 가야 비로소 한 글자를 완성 시킨다. 그래서 내가 글을 쓰는 과정은 시간이 많이 걸릴 뿐 아니라, 마치 집 한 채를 짓기 위해 벽돌 한 장 한 장을 정성스레 쌓아 올리는 것과 같다. 하지만 그렇게 해서라도 새벽에 떠오르는 이 많은 생각들을 모두 컴퓨터에 옮길 수 있다면, 아마 나는 꽤 두꺼운 책 한 권을 쓸지도 모른다. 그러나 다행히도 그 생각들을 성능 좋은 내 머릿속 냉장고에 보관해 두었다가 낮에 컴퓨터로 차근차근 옮겨놓을 수 있으니 감사한 일이 아닐 수 없다. 새벽에 막 걷어 올린 생각만큼 섬세하거나 신선한 맛은 아무래도 덜한 듯싶어 약간의 서운함도 있지만…….

내가 매일 자리에 누워 맞이하게 되는 새벽은 시시각각 그 얼굴이 다르다. 새벽 4시의 얼굴은 아직 깊고 두껍다. 밤을 닮아있다. 그러나 6시가 되면 그 얼굴이 훨씬 부드럽고 환해져 있다. 7시가 되면 벌써 그 얼굴은 뚜렷해진다. 이미 낮의 모습을 하고 있다. 창밖에서 벌어지는 이러한 변화는 하루가 태어나는 과정을 지켜보는 것과 같다. 하루라는 생명이 다시 태어난다. 나는 그 현장에 꼼짝없이 누워 있다. 어린아이가 귀엽듯 막 태어난 하루 역시 귀엽기 그지없다. 새벽은 어린아이 같다. 어둡고 짙은 혼동의 한 가운데서 어스름 모양이 잡혀가다가 갑작스런 울음소리와 함께 세상으로 뛰어나온 아이 같다. 어둡더니, 나지막한 숨소리 같더니, 언제 이렇게 웃음처럼 밝아졌는가?

지난날 내게 이 새벽은 참으로 고통스러운 시간이었다. 새벽에 눈을 뜨면 와락 덤벼드는 어둠과 적막감 속에서 절망부터 앞서는 불투명한 내 미래와 존재의 이유를 찾을 길 없어 베개를 흠뻑 적시도록 눈물 흘린 적이 많았다. 그리고 밤새 풀리지 않는 긴 번민에서 벗어나지 못한 채 어려운 하루가 시작될 때가 있었다. 내게는 새롭게 태어나는 하루가 두려울 때도 있었고, 또 하루를 견뎌야 한다는 것이 참혹할 때도 있었다. 그렇게 내 인생에서 죽어 가는 날들이 있었다.

그러나 그렇게 죽어 가는 날들 가운데 신비로운 푸른 옷을 갈아입고 찾아온 새벽은 차츰 나를 새로움으로 깨어나게 했고, 먼지처럼 내 마음에 켜켜이 쌓인, 오래된 슬픔은 어느새 이 새벽빛에 가볍게 털어 버릴 수 있었다. 그리고 언제부터인가 나는 거친 어둠을 부드럽게 밀어내고 서서히 동이 터 옴을 바라보게 되었다. 언제나 묵묵히 긴 밤 어둠을 견디고 찬란하게 동이 터 오듯 내 인생길이 아무리 외로운 밤길일지라도, 내가 생명이 있어 결코 포기하지 않는 한 희망찬 아침을 맞이할 수 있을 거라고 생각했다. 그리고 내게 찾아온 오늘을 전쟁의 날이 아니라 축제의 날로 여겼다. 아침마다 태양의 축포가 동산에서 터지고 저녁마다 서산에는 아름다운 영상이 나를 위해 펼쳐지기 때문이다.

그런 귀한 마음을 얻게 된 후부터 나는 이 새벽에 깨어나 가만히 누워 창밖에 동이 터 옴을 지켜보면서 가슴 뭉클한 감동을 느끼곤 한다. 그래서 나는 이 새벽을 사랑한다. 어두운 밤을 견뎌야 빛난 새벽이 찾아오듯 고통을 통해 기쁨이 오고, 갈등을 통해 안정이 오며, 불안을 통해 평화를 얻고, 구속을 통해 자유를 알게 된다. 그러기에 '내가 지닌 장애를 통해 나는 하루하루 이렇게 특별한 행복과 감동을 느끼며 살아갈 수 있는 것이 아닐까?' 싶다. 내게 주어진

이 하루 동안 즐겁게 웃고 떠들기에도 짧은 시간인데, 왜 내가 어리석은 분노와 민망한 욕심과 약간의 불만에 매이겠는가? 오직 나를 위해 탄생한 오늘은 이미 오늘로 아름다운 것이다.

지금 막 태어난 싱그러운 아침햇살 머금은 얼굴로 해맑게 웃는 하루를 맞이하며 반갑게 인사한다.

"안녕 좋은 아침이야. 오늘도 즐겁고 멋지게 살자."

나는 김칫돌입니다.

고향
내 본디 강가에서 살았습니다. 그리 깊지 않는 강, 아트막한 모래언덕에 몸을 기대고 금빛 은빛 모래와 어울려 철석철석 물소리와 더불어 살았습니다. 더러는 파란 하늘도 올려다보며 기지개도 켜보고 물살에 업혀 이리저리 나들이도 했습니다. 갈잎들이 들려주는 자장가에 귀 기울이면서, 나의 유년은 그렇게 단조로웠지만 행복했습니다.

갈망
그러나 나는 늘 여행을 꿈꿨습니다. 스스로 덥힐 수 없는 차가운 가슴을 지녔다는 걸 알게 된 슬픈 어느 날부터 좀 더 멀리, 좀 더 넓은 세상으로 달아나고 싶었습니다. 그건 머문 자리에서 벗어나 낯익은 것들로부터 멀어지고 싶은, 작은 세상과의 결별을 통한 자아성숙의 몸부림이었는지도 모릅니다.

한낮의 햇살이 남겨준 미지근한 온기가 등 언저리에서 식어가는 밤이면 알 수 없는 외로움에 몸을 떨었습니다. 강물에 잠겨있던 달빛조차 그 모습을 감추는 밤이면 더욱 슬펐습니다. '어디론가 떠나고 싶다.' 낯선 곳을 향한 갈망은, 한밤의 냉기처럼 표면에 머물러 멈칫거리다가 더욱 깊숙이 스며들었습니다.

선택 하나

수려한 용모를 지닌 탓에 수석 수집가에게 선택되어 우리 곁을 떠난 친구, 반듯한 받침대에 올라 편안한 시간을 보내리라는, 우려 반 부러움 반, 우리의 눈길을 뒤로하고 친구는 울면서 떠났습니다. 영영, 바람 소리 물소리와 멀어져 어찌 살겠냐며, 돌은 자연과 어우러져 돌답게 살아야 한다면서. 인간의 판단으로 값어치가 부여된 자신의 삶을 한탄했습니다. 흡족한 표정의 수집가와 울면서 떠난 친구의 모습이 한동안 잊혀지지 않았습니다. 그 뒤, 멋진 건축물의 장식을 위하여, 정원을 꾸미기 위하여 내 친구들은 그렇게 하나, 둘, 선택되어 강가를 떠났습니다.

선택 둘

모양이 평범하면 크기라도 커야 하고 이도 저도 아니면 색깔이라도 눈에 띄어야 하지만, 본디 빼어나게 수려하지 못했습니다. 동그랗고 편평한 모양새는 어느 곳을 꾸며주기에는 너무 거리가 멀었습니다. 물안개 서린 강가에 살았으나 강 빛을 안지 못했고, 은빛 모래와 더불어 뒹굴었으나 반짝이지 못했습니다. 밤하늘 별빛을 가슴 깊이 새기고 싶었으나 깊숙이 끌어안지 못한 탓에 언저리에 머물다가 흩어져버렸습니다.

그런 나를 선택했습니다. 오랫동안 잃어버리고 찾지 못했던 귀한 보물을 다시 찾은 양 반색을 하면서, 몇 번이고 쓰다듬고 쓰다듬으면서 흡족해하셨습니다. 할머니는 고운 보자기를 꺼내어 나를 소중히 싸서 가슴에 안고 걸으셨습니다. 오랜만에 너무나 마음에 드는 것을 찾았노라고, 주위 분들께 거듭 자랑도 하셨습니다.

집에 온 후, 말갛게 세수를 씻기고 양지바른 햇살에 보송보송 말려주었습니다. 마디마디 굵은 세월이 물결무늬처럼 새겨진 투박한 손길로 다시 한번 쓰다듬으신 후 김칫독에 넣으셨습니다. 아, 그때 알았습니다. 내 존재의 소중함을. 알맞은 크기와 무게가 숨죽지 못한 배추를 꾹 눌러주고 국물에 잠기도록 도와줘 공기와의 접촉을 막아주는 겁니다. 염분에는 견디면서 공기와 접촉을 싫어하는 유산균의 발육을 도와주어야 합니다. 누름은 적당한 억제를 위한 방법입니다. 자유로운 세상 속으로 서둘러 자신을 드러내고 싶은 욕망의 억제가, 때로는 스스로 깊은 맛을 낼 수 있는 계기가 되는 것처럼 말입니다.

맛

세상사 여러 가지 맛이 존재합니다. 쓴맛, 단맛, 짠맛, 신맛, 매운맛······. 이 외도 수없이 많은 맛이 우리 삶 속에 존재합니다. 그 모든 맛이 홀로 자신의 자리를 지켜 돋보이기도 하지만 조화롭게 어우러질 때 그맛을 고조시켜 더욱 맛깔스럽게도 합니다. 사회 속 우리의 존재가 개인보다는 공통된 뜻을 모아 하나의 뚜렷한 목소리를 낼 수 있듯이 말입니다. '김치' 갖가지 양념과 젓갈 그리고 채소가 어우러져서 알맞은 온도와 시간을 거친 후에 각각의 맛을 잃어버리고 하나의 맛으로 익어가는, 그 과정에 동참했습니다. 나는 그때 돌로 태어나서 돌이라는 내 이름과 형태를 버리지 않은 채, 내 안에 또 다른 맛과 향이 배어드는 것을 지켜보았습니다. 놀라웠습니다.

행복

강가에 머물었으나, 강물과 하나 되지 못했습니다. 은빛 모래와 친구하려 했으나 언제나 낯설었습니다. 따사로운 햇살에 몸을 맡겼으나 표면에만 머물렀을 뿐입니다. 그러나 이곳에서 나의 몸뚱이가 고추의 붉은 빛으로 물들어가며 독특한 김치 내음이 배어들어가는 순간, 나는 돌이 아니라 그들과 하나 되었음을 느꼈습니다.

다시 돌아갈 수 있다면 수천 년 전 강가에 머물러, 물살 무늬 등 자국에 깊이 새기며 물소리 새소리와 벗하며 그렇게 살고 싶다던 친구들. 그러나 나는 다시 태어나도 할머니의 김칫돌이 되겠습니다. 결국은 나 자신 변할 수 없는 돌일 뿐이었지만, 포기(抛棄)와 화합 그리고 인내의 시간을 통해 깊고 풍부한 맛으로 숙성되어 가는 김치. 그들과 함께 숨 쉬는 순간 속에 하나 됨을 느낄 때, 아! 전율 같은 진한 감동에 몸을 떨었습니다.

소중한 임무를 마치고 난 후 말간 물에 담겨져 휴식을 취하는 지금, 어느 곳에선가 다가온 강바람 소리 귓가에 일렁이고 물소리 넘실거립니다. 나와 하나 되었던 그 깊은 맛들이 뱉어낸 향기들이, 나를 감싸고 스치는 바람이 되고 흐르는 물살이 되었기 때문입니다. 그래서 나는 행복합니다.

제비꽃 향기

　누가복음 23장 34절에서 예수님이 자기를 십자가에 못 박는 사람들을 향해 "아버지여 저들의 죄를 사하여 주옵소서. 자기의 하는 것을 알지 못하나이다."하시던 용서의 기도. 그 용서의 기도를 통해 용서라는 참된 의미와 은혜를 깨닫는다. 늘 들어오고 묵상해 온 말씀이지만 대할 때마다 새로운 이해와 감동을 불러일으키고, 이보다 강하게 전해지는 용서의 메시지는 없을 것이다.
　어떻게 예수님은 그런 상황에서도 용서의 기도를 하실 수 있었을까? 그렇게 예수님처럼 우리의 죄 짐을 대신 지시기 위해 끝까지 조롱과 핍박을 참으시고 고통의 순간에도 용서와 자비를 베푸시는 모습을 보면서 우리도 어떤 사람이나 상황에 놓여 있든지 용서하지 못할 이유가 어디 있을까마는, 용서라는 것이 참으로 하기 힘든 과정인 것 같다. 하지만 용서하는 그 힘든 과정을 통과하면 진정한 자유와 평안함을 누릴 수 있음을 나는 경험으로 알았다. 참된 용서는 오직 예수 그리스도의 십자가를 통해서만 이뤄질 수 있다.
　우리에게 박진감 넘치는 전차경주 장면으로 유명한 영화 '벤허'에서 진정한 감동이 되는 것은 바로 용서일 것이다. 오랜 세월을 원한과 고통으로 보낸 주인공이 분노와 증오심을 가득 품고 헤어진 가족을 찾아 고향으로 가는 도중에 예수님의 십자가 처형을 목격하게 된다. 그때 예수님이 십자가에 못 막혀

달린 상황에서도 용서의 기도를 하시는 모습을 보고 주인공은 엄청난 충격과 감동으로 마음의 변화가 일어나기 시작한다. 마음속에 품고 있던 분노와 증오심을 버리고 자신에게 그토록 억울하고 고통스런 멍에를 씌우게 한 지난 세월의 모든 것을 용서하게 된다. 그러자 그 순간 나병 환자였던 주인공의 어머니와 동생이 씻은 듯이 나음을 받게 된 것이다. 저렇게 모든 것을 예수 그리스도로 말미암는 용서를 하게 되면, 놀라운 변화와 신비한 기적이 찾아올 수 있구나 싶은 생각을 그 영화를 보면서 했었다.

나는 예수님을 진심으로 영접하고 내 삶의 주인으로 모신 다음부터 주님은 내게 오랜 시간 동안 용서하는 힘든 과정을 거치게 하셨다. 나는 처음엔 그냥 용서한다는 것이 과거의 상처를 가슴에 묻어두고 잊어버리면 될 줄 알았다. 하지만 그건 아니었다. 늘 과거의 상처가 되살아나 거기에 얽매여서 짙은 패배감과 낮은 자존감에 짓눌러 절망의 늪으로 맥없이 빠져들 뿐이었다.

그런 내 안타까운 모습을 곁에서 지켜보시던 주님이 내 손을 잡아 주시며 과거의 상처에서부터 다시 시작하라고, 말씀하고 계셨다. 과거의 상처를 용서하지 않고 거기서 주님의 사랑을 힘입어 회복하지 못한다면, 결코 그 과거의 속박에서 벗어나지 못한 채 주님과 함께하는 참된 자유와 기쁨과 평안을 온전히 누릴 수 없을 것이고, 더 밝고 영원한 미래와 소망이 보이지 않을 거라고. 주님이 나와 함께 하사 도와주시겠노라고. 나를 잠잠히 이끌어 주셨.

그때부터 나는 낮에 혼자 누워 있거나 잠들기 전에 아니면 새벽에 잠에서 깨어났을 때, 과거로 되돌아가곤 했다. 과거의 내가 상처받았던 장면을 머릿속에 떠올렸고 그곳에 관련된 사람들 한 명씩 떠올리면서 용서하기 시작했다. 때론 수월하게 그 상황과 그 사람을 이해하고 용서하게 되는 것도 있었지만,

그 상황과 그 사람을 떠올리는 것조차 분노와 아픔이 마음 안에서 솟구쳐 무척 괴롭고 용서하기 힘든 것도 있었다. 하지만 내가 용서하는 과정을 지나는 동안 항상 내 편에 주님이 함께 계셔서 나를 위로하시고 격려해 주셨다.

돈 콜버트의 '감정 치유'라는 책에서 보니, 용서란 상대방에게 아무런 책임도 묻지 않고 그냥 수갑을 벗겨주는 것이 아니다. 그보다는 그 사람을 공의의 하나님께 맡겨드리는 것이라고 했다. 이 같은 용서가 결국에는 능력이 되어 상대방을 불쌍히 여기면서 사랑할 수 있도록 사람을 변화시켜 준단다. 그리고 과거나 현재의 삶 속에서 받은 상처를 숨기지 않고 인정하는 것이 중요했다. 나도 과연 이처럼 놀라운 용서의 능력을 체험할 수 있을까? 내가 용서하는 과정을 지나는 동안 줄곧 해온 생각이었다. 그러나 이 어리석고 연약한 나를 용서하시고 사랑하시는 주님이 지금 나와 함께 하신다는 확신이 날로 더 굳어지면서 모든 것을 긍정적으로 생각하고 자신감을 갖게 되었다.

나는 내 장애에 대한 사람들의 부정적인 태도로 인해 받은 상처가 대부분이다. 그 가운데 오랫동안 잘 이해되지도 않을뿐더러 개운치 않게 쓰라린 기억으로 남아서 용서하기가 어려웠던 사람이 있었다. 내가 가장 감수성 예민하고 혼란스러웠던 성장기를 그 사람과 보내면서 나는 내 정체성을 확립하지 못했고 희망을 잃어버렸다. 그 사람이 내게 주었던 저주의 말들과 상처 때문에 나는 참으로 오랫동안 절망했고 내 자신을 사랑하지 못했으며, 깊은 좌절감에 시달렸다.

그 사람을 용서하는 과정을 지나는 동안 정말 많이 힘겨웠고 오랜 시간이 걸렸다. 하루는 꿈속에서 휠체어를 탄 내가 놀랍게도 벽을 붙잡고 일어나 걷기 시작했는데, 그 사람이 느닷없이 나타나 몽둥이로 내 다리를 지독하게 때렸다. 나는 그만 극심한 고통에 견디지 못하고 쓰러졌고 큰 소리로 울어댔다. 꿈속에서만이 아니라 실제로도 큰 소리 내며 잠꼬대를 했었나 보다. 옆에서 자던 엄마가 일어나 불을 켜고 정신없이 울며 꿈속에서 헤어 나오지 못하는 나를 흔들어 깨웠다. 나는 꿈에서 깨어났지만, 계속 흐느끼며 다리가 아프다고 했다. 정말 다리에 몽둥이로 얻어맞은 것처럼 얼얼한 통증이 느껴져 엄마가 내 다리를 만져보았으나, 별 이상이 없었다. 정말 이상하고 다시는 생각하고 싶지 않을 악몽이었다. 그만큼 그 사람은 내게 절망과 고통을 주었으리라.

그 사람을 떠올릴 때마다 지금 한번 만나보고 싶어졌다. 만나서 그 사람에게 묻고 싶었다. 왜 나를 그렇게 미워했는지. 왜 내게 그런 저주의 말들을 퍼붓고 희망을 잃게 했는지. 내가 얼마나 당신이 준 상처 때문에 오랜 시간 동안 절망하고 아파했는지 아느냐고, 막 그 사람 앞에서 울부짖고 싶은 감정의 소용돌이가 몰아쳤다. 하지만 나 역시 얼마나 많이 다른 사람을 미워하고 상대방을 향해 저주와 비판의 말들을 쏟아내고 깊은 상처를 주었던가. 나도 하나님 앞에서 한없이 추하고 악한 죄인임을 자백하고 회개했다.

그제야 하나님이 나의 모든 허물을 이미 다 용서해 주셨고, 하나님의 용서야말로 내가 다른 사람을 용서할 수 있는 능력의 근원임을 깨닫게 되었다. 그리고 나의 상처를 하나님의 손에 맡겨드리기로 했다. 상처를 지닌 나는 지금 마치 바람이 팽팽히 들어 있는 고무 인형을 양손으로 세게 누르고 있는 모습에 비교할 수 있다고 생각되었다. 이젠 그것을 풀어줄 시간이 되었음을 깨달았다. 마치 고무 인형에서 손을 떼듯이 그 사람을 놓아주고 하나님의 손에 맡긴 다음 이어지는 하나님의 놀라운 사랑을 마음껏 받아들일 때 비로소 실제 그 사람을 용서하는 것이기 때문이다.

나는 조용히 내게 상처를 준 사람들의 이름을 떠올리면서 이런 기도를 드렸다. "주님, 저는 저에게 상처를 준 아무개를 용서하기로 결심했습니다. 그래서 주님께 제 마음속에 숨어있는 용서하지 못하게 방해하는 나쁜 감정과 기억들을 모두 맡겨드립니다. 주님께서 대신 고쳐주시옵소서." 이 짧은 기도를 통해 나는 과거의 쓰라린 기억들이 홍수처럼 몰려들면서 내면에서부터 주님의 따뜻한 만지심을 받아 솟아난 감정이 풀어지고 마음의 평안이 흘러 잠잠히 용서의 능력을 체험할 수 있었다. 이처럼 용서 속에는 다른 사람은 물론 나 자신의 내면까지 변화시키는 놀라운 능력이 숨어있었다. 그리고 나는 그 용서의 능력을 통해 진정한 자유와 마음의 평안함 속에서 하나님께 깊이 감사할 수 있었다.

　한 소설가가 용서에 대해서 이렇게 표현했다. '용서란 제비꽃이 자신을 짓밟는 발꿈치에 남기는 향기라고' 이 얼마나 신비하고 아름다운 용서의 표현인가. 나의 삶 속에서도 이런 신비하고 아름다운 제비꽃 향기를 더 풍성하고 멀리 남길 수 있었으면 한다.

빈센트 반 고흐에게 반하다

　내 컴퓨터 옆에는 장난감 같은 작은 이젤이 세워져 있다. 그 이젤 위에 놓인 그림 한 점, 바로 빈센트 반 고흐의 그림인 '씨 뿌리는 사람'이다. 이제 막 떠오른 노란색 아침 태양빛을 받으며 한 농부가 기경(起耕)해놓은 밭에 서서 씨를 뿌리는 모습이 담긴 그림이다.

　이 그림은 씨를 뿌리기 위해 땅을 갈아엎은 밭의 거칠면서도 부드러운 질감을 고흐 특유의 덧칠기법으로 섬세하고 생동감 넘치게 표현된 것이 가장 인상적이다. 이 '씨 뿌리는 사람'은 내가 좋아하는 고흐의 그림 중 하나인데, 몇 년 전 겨울 서울시립미술관에서 열린 고흐의 작품 전시회를 함께 관람하고 돌아온 목사님께서 선물로 주신 것이다. 특이하게도 종이가 아닌 반들반들한 타일에 그림을 프린트한 것이라서 그런지 미술관에서 보았던 진품과는 사뭇 다르다. 밝기와 색의 농도 차이가 확연히 다를 뿐 아니라, 고흐 특유의 덧칠기법이 잘 드러나지 않았다. 진품이 투박하면서도 따뜻한 느낌이라면, 타일에 프린트된 그림은 말끔하고 차가운 느낌을 준다고 해야 할까.

　이 그림을 보면서 화가 고흐에 대해 생각한다. 왠지 그의 그림과 암울하고 고통스러웠던 삶의 이야기에 내 마음이 끌린다. 미술관에 가는 날을 손꼽아

기다리며 고흐의 그림을 직접 만나본다면 너무나 감격스러워 눈물이 날 것 같았다. 그러나 막상 고흐의 그림을 만나보니 눈물은 나지 않았지만, 그보다 더 깊은 가슴 뭉클함과 사무치는 감동이 흘러넘쳐 왔고 숙연해지기까지 했다. 그리고 행운이었는지 내가 좋아하는 그 '씨 뿌리는 사람' 진품을 볼 수 있었다.

그 그림 앞에 섰을 때, 그림에서 뿜어져 나오는 강한 에너지가 내 마음과 영혼에 파고드는 전율감이란, 그렇게 휠체어를 탄 내 눈높이로 그림과 마주 보며 잠시 멈춰 있었다. 그 순간, 시간과 공간을 초월해 세기의 강을 건너 내게 전해지는 고흐의 순수한 열정과 따뜻한 숨결 속에 그만 잠기고 말았다. 어쩌면 세월이 흐를수록 고흐의 그림이 사람들에게 높은 가치를 인정받고 사랑받으며 감동을 주는 건, 그가 깊은 고독과 좌절 속에서도 모든 열정을 쏟아부어 그림을 그렸기 때문이 아닐까 싶다. 조개가 상처를 입고 오랜 고통을 품을수록 더 은은하고 신비로운 빛을 내는 아름다운 진주가 탄생하듯이.

나는 그림을 그리지는 못하지만, 책이나 인터넷을 통해 화가들의 명화(名畵)를 많이 보고 감상하며 즐기는 것에 만족하고 있다. 특히 나는 고흐의 그림을 좋아한다. 좋아한다기보다는 고흐의 그림 속에 흐르는 차분한 우울함을 맛보게 된 후부터 빠져들게 되었다는 말이 더 옳을 것이다. 처음 고흐의 그림을 접했을 땐, 왠지 모르게 어딘가 우울하고, 캔버스가 질식할 정도로 매트하게 발라놓은 물감의 붓 자국을 보고 있노라면 나까지 숨이 턱 막히는 것 같았다.

그런데 나는 이상하게도 점점 고흐의 그림에 담겨진 처절하리만큼 냉소적인 자기연민에 대한 순수한 매력 속으로 빠져들었다. 나를 그렇게 정신이 혼미하게 만들 정도로 푹 빠져들게 한 그림은 바로 고흐의 〈자화상〉이었다. 많은 자화상 중에서도 컴퓨터 화면 속에 나타난 귀를 잘라 붕대를 감은 〈자화상〉을 멍하니 바라보고 있는데, 이상하게도 참 마음이 편해졌다. 특별한 감흥은 없어도, 그림과 내가 너무도 자연스럽게 하나가 되는 느낌 고흐를 별로 좋아하지 않던 아마추어 그림 애호가로서 고흐의 매력을 한마디로 요약하면 "행복하지 않아. 하지만 행복하지 않아도 괜찮아"였다 그의 그림을 보고 있으면 나는 "오래오래 행복하게"살아야 한다는 강박관념에 사로잡혀 있는 것 같은 묘한 기분이 든다.

실제로 고흐의 일생은 '행복' 과는 거리가 멀었다. 그는 정신병원을 들락거리며 살았고, 주체할 수 없는 '끼'로 고통스러워했으며, 한 번도 여인의 사랑을 받아본 적 없었고, 죽을 때까지 고독과 광기에 시달렸다. 미술사에서 가장 불행한 생애를 살았던 화가를 꼽으라고 하면 고흐는 단연 베스트3 에 들어갈 것이다. 그의 그림에는 인상파 특유의 밝은 색감으로는 가릴 수 없는 우울이 배어있다. 드러내놓고 보여주지는 않아도 그렇다고 굳이 감추지도 않은 그 차분한 우울함에는 나 스스로의 인생을 참을 수 없이 가볍게 보이게 하는 그 무언가가 있다. 정신병원에 들어가거나 귀를 베거나 심지어 자신을 권총으로 쏠 정도로 고통스럽다 할지라도, 자신의 우울한 인생을 우울한 그대로 받아들인 어린아이 같은 순진함이 저절로 존경스러워진다.

그렇게 컴퓨터 화면에 고즈넉하게 걸려 있었던 고흐는 꼭 인생이 행복해야만 할 필요는 없다는 것을 가르쳐주었다. '긍정적으로 살자'는 식의 긍정적인 마인드 컨트롤과는 정반대이긴 하지만, 사실 나도 항상 웃으며 항상 즐겁게 살아야 한다는 것에 조금은 염증이 나 있다. "행복하지 않지만, 꼭 행복할 필요는 없지 뭐"하고 스스로를 조금은 풀어주는 여유, 행복하면 좋지만 행복하지 않을 수 있는 또 하나의 옵션도 존재한다는 여유가 역설적으로 삶의 진짜 행복은 아닌지, 왠지 그런 생각이 든다.

나는 이 '씨 뿌리는 사람' 그림을 매일 볼 때마다 다짐하게 된다. 씨 뿌리는 농부의 마음으로 나도 내게 주어진 삶 속에서 진실 된 행복과 희망과 사랑의 씨앗들을 심는 인생을 살아야겠다고. 비록 오늘 내 삶 속에서 심는 씨앗들이 아주 작고 아무런 가능성이 없어 보일지라도, 그 작은 씨앗 속에 숨겨진 생명력에 대한 무한한 가능성을 믿으며 좋은 열매를 맺길 기대하면서 정성껏 심고 가꾸고 싶다고. 농부는 아주 작은 볍씨 속에서도 황금물결을 바라보고 보잘것없는 겨자씨 속에서도 새들이 깃들고 그늘 아래서 사람들이 쉼을 얻을 수 있는 잎이 무성한 큰 나무를 꿈꾼다. 그 농부의 마음과 정성으로 내 작은 삶 속에 담겨진 생명력의 비밀과 희망의 순이 돋아 아름답게 꽃을 피워야겠다. 나만을 위한 열매가 아니라 많은 사람들과 함께 나눌 수 있는 풍성한 열매를 바라면서.

워낭소리

나는 영화를 좋아한다. 주로 한바탕 속 시원하게 웃을 수 있거나 아니면 텁텁해진 마음을 깨끗하게 씻을 수 있는 눈물과 향기로운 여운이 남는 영화가 좋다. 나는 「워낭소리」라는 독립영화를 보았다. 하도 매스컴에서 독립영화로는 드물게 많은 사람이 보고 감동하고 성공한 영화라고 떠들어서 어떤 영화일까, 궁금하고 한번 보고 싶은 영화였다.

나는 영화 「워낭소리」를 보면서 자연스럽게 나 자신과 소를 비교하지 않을 수 없게 되었다. 시간이 지날수록 할아버지의 진실함과 소의 성실함에 감탄하면서, 나 자신은 한없이 작게만 느껴졌다. 내가 왜 그런 생각을 하게 되었을까. 아직까지 양심이 조금이라도 남아있는지, 가슴 깊숙한 곳에서 이런 소리가 들려왔다. "소(牛)만도 못한 인간아!" 부정하고 싶지 않았다. 아니 그 마음의 소리가 오히려 내 마음을 가볍게 만들어주기까지 했다.

나는 먼저, 30년이라는 긴 세월 동안 변함없는, 소에 대한 할아버지의 가족 같은 사랑 앞에 무릎을 꿇으며 내 가슴을 치게 했다. 아니 어쩜 사람과 동물 사이에 사람 같은 우정(友情)과 그러한 사랑이 가능했단 말인가. 할아버지는 소를 생각해서 자기 논에는 농약을 치지 않았고, 일할 때도 혹시나 약에 오염된 풀을 먹을까 봐 소의 입에 망까지 씌워 놓았다.

언제나 할머니보다 늙은 소를 더 사랑했기에 할머니는 항상 불만을 터뜨렸지만, 여전히 할아버지는 소가 항상 최(最)우선이었다. 무뚝뚝한 노인이지만 소를 자랑할 때만은 활짝 웃으시며 말씀하시는데, 소는 그 말을 알아듣는 듯 눈물을 흘린다. 소도 역시나 주인을 생각하는 마음은 사람보다 더 속이 깊다. 그러고 보니 소는 할아버지 자신이었다. 아니 자신보다 더 사랑하고 소중히 여겼다. 그에게는 소가 전부였기에 소와 함께했던 시간에 기적 같은 일이 그리도 많이 일어났던 모양이다. 영화를 보면서 나는 자신에게 수없이 이런 질문을 했다. "나에게도 그렇게 오랜 세월 동안 유지해 온 참다운 우정이 있는가. 내 인생 전부라 여기며 모든 애정을 쏟을 수 있는 일과 사람이 있는가?" 아니다. 나는 사람과의 관계에서도 오로지 내 유익과 결부시켜 자신을 위한 도구(道具)로 쓸 때가 더 많았다. 어떤 일에든 인내보다는 조금만 어려워도 환경을 탓하며, 사람을 원망하며, 진실에서 멀어져갔던 자신이 아니었던가.

물론 나는 이 모든 원인이 사랑과 신뢰의 결핍(缺乏)에서 왔음을 잘 알고 있다. 이 시대의 종말은 자원 부족이나 환경 파괴라는 외적(外的)인 요소로 오는 것이 아니라, 사랑이 식어짐으로 스스로 해체되는 것이라고 한다. 사랑이란 용납(容納)이다. 용납하지 못하기에 그런 우정도 없다. 자신을 용서하고, 상대를 용납하고, 사건을 수용할 때 기적(奇蹟)은 지금도 그처럼 일어날 것으로 믿는다.

두 번째는, 사명(使命)에 대한 생각이다. 할아버지는 귀가 어둡다. 그럼에도 소의 턱 밑에 매어놓은 방울인 '워낭소리'는 얼른 알아들으시고 주무시다가도 일어나신다. 할머니가 무슨 불만을 터뜨려도 묵묵부답이건만, 소의 작은 움직임에는 대꾸를 하신다. 그들은 서로 바라만 보아도 대화가 통할 것 같은 우정이었다. 그것이 가능했던 것은, 서로에 대한 의무를 충실하게 감당했기 때문이다.

할아버지는 소를 생각해 사료를 주지 않고 직접 소죽을 쒀서 주기 위하여 아픈 다리를 끌면서 소 꼴을 베러 나가면서도 아픈 소를 생각하며 눈물을 훔치신다. 소 역시 주인(主人)의 마음을 아는지 제대로 서지도 못하면서도 노인이 고삐를 잡으면 산 같은 나뭇짐도 마다하지 않고 짊어 나른다.

노부부를 위해 마지막까지 일만 하다 떠나간 소를 보고 할머니는 이렇게 말했다. "갈 거면 편히 갈 것이지, 늙은이들 겨울 나라고 저렇게 (나무를) 많이 해놓고 갔나?" 나는 소가 죽었을 때보다도 할머니의 이 독백이 오히려 내 눈물샘을 자극했다. 마지막까지도 아픈 몸으로 그렇게 많은 땔감 나무를 옮겨 놓고 죽다니… 바로 이 대목이, 무딘 나 자신이 그 소보다 못하다는 생각이 들었다.

세 번째는, 죽음에 대한 생각이다. 갈수록 할아버지는 입에 '아파, 아파'라는 말을 달고 사신다. 할아버지나 소나 이제 너무 늙어 아플 수밖에 없었다. 어느 봄날, 노인은 수의사에게 소가 올해를 넘길 수 없을 거라는 사형선고를 듣게 된다. 그런데 정말로 어느 날 외양간에서 소가 일어나지 못했다.

할아버지는 가장 먼저 코뚜레를 풀어주고, 한평생 달려있던 워낭도 재빠르게 풀어준다. "죽으면 좋은 데 가거래이." 둘 사이에 맺어진 인연을 잘라내며 흐르는 할아버지의 눈물엔 오랜 세월 동고동락했던 친구가 죽은 듯 보는 이로 하여금 안타까움을 더해 준다. 그리고 영화는 그렇게 조용히 끝을 맺는다.

만약 이 영화가 픽션이라면 감동은커녕 뭔가가 빠진 듯 더 허무해졌을 것이다. 하지만 그렇게 죽는 것은 소뿐만 아니라 인생도 조용히 끝나기에, 다른 것을 덧칠하지 않아도 그 자체로 감동을 주기에 충분하다.

누구도 신(神)의 부름 앞에선 어쩔 도리가 없다. 하지만 죽는다는 문제보다는 그 죽음 속에 진실이 담겨있다면, 그 일은 두려운 것이 아니라 오히려 감동을 줄 수 있다. 그 진실이란, 죽기 전 그 사람의 삶 자체가 진실했다면 죽음 이후에 더 큰 풍성한 열매가 맺힌다는 것이다.

어느 분이 하늘의 부름을 받을 때 마지막 유언처럼 했던 말이 그리했듯이, "나는 행복하다" "그동안 고마웠다" 두 마디였다고 한다. 마지막 순간에 이런 고백을 할 수 있다면 그 사람은 성공적인 인생을 산 사람임에 틀림이 없을 것이다. 그것은 평생 진실하게 살았다는 명백한 증거이기 때문이다.

긍휼(compassion)

어느 분이 내게 예쁜 열대어 어항을 선물로 주셨다. 그 어항 속에서 자유롭게 헤엄치며 노는 열대어들은 송사릿과의 비교적 온순하고 키우기 쉬운 '구피'라는 이름을 가진 아주 귀여운 녀석들이다. 모두 수컷 3마리와 암컷 2마리인데, 신기하게도 일주일이 지나자 암컷이 새끼 2마리를 낳았다. 요 녀석들을 자세히 살펴보니, 녀석들 중에서 가장 작고 연약한 놈을 나머지 4마리의 놈들이 자꾸만 달려들어 공격하고 괴롭히는 것이었다. 위에서 그렇게 큰놈들이 살벌하니, 새끼들은 무서워 얼씬도 못하고 아래 바닥 부분에서 설설 기다시피 했다. 어쩌다 간신히 헤엄쳐 위로 올라오면 큰놈들이 새끼들을 몸집이 작아 먹이로 착각했는지, 억세게 입으로 물면서 못살게 굴기 일쑤였다.

결국은 큰놈들의 등쌀에 그 작고 연약한 놈도 죽고 어린 새끼들도 죽고 말았다. 나는 그것을 보면서 우리 충북밀알선교단을 새로 맡게 되신 L목사님의 말씀이 생각났다. L목사님은 우리 가운데 진정한 중심은 연약한 자들이며, 자신은 이제 긍휼 어린 마음으로 장애인들을 섬기겠다고 하셨다. 나는 처음에 목사님의 그런 말씀이 좀 의아스럽고 이해하기 어려웠다.

어항 속에 작은 물고기들처럼 지금 우리가 사는 이 시대도 힘이 없고 낮은 자리에 있는 연약한 이들은 철저히 외면당하고 설 곳이 없을뿐더러, 서로 치열

하게 경쟁하는 사회인데 어떻게 연약한 자들이 중심이라는 말인가? 그리고 긍휼이라면 불쌍히 여긴다는 뜻인데, 그럼 목사님도 보통 사람들처럼 그저 우리 장애인들은 단순한 동정심으로 대하시겠다는 말인가?

나는 며칠 동안 무엇보다 목사님이 말씀하신 긍휼에 대해서 깊이 묵상해 보았다. 목사님에게 장애인 선교에 대한 철학과 하향성의 삶을 지향하며 큰 영향을 끼쳤다던 헨리 나우웬의 저서도 몇 권 읽어 보았다. 헨리 나우웬의 저서를 통해 긍휼이라는 뜻 안에 담겨있는 거룩함과 깊은 의미를 새롭게 발견할 수 있었다.

긍휼 'compassion'이란 단어는 '함께 고난을 받다'라는 뜻이라고 한다. 그렇다면 '함께 고난받다'라는 의미는 무엇일까? 사람들 누구나 고난을 피하고 싶어 한다. 하지만 사람들 누구나 고난을 받는다. 단지 사람마다 크고 작음이 다를 뿐이고. 어떻게 고난을 받아들이고 극복하며 그 고난을 통해 어떤 진리를 깨닫느냐의 차이지, 고난받지 않는 사람은 없을 것이다. 나에겐 장애가 고난일 것이다. 태어날 때부터 지금껏 내가 가진 장애로 인해 많은 어려움과 아픔을 겪어야 했으니까. 그동안 순간마다 나를 위해 수고해 주고 나에게 도움을 주었던 사람들이 있었다. 하지만 그 사람들이 나와 함께 고난받고 있다는 느낌은 들지 않았다. 잠시 그저 스쳐 지나갈 뿐이었고, 대부분 자기 방식과 기준으로 나를 판단하고 상대했다. 그리고 항상 너와 나는 완전히 다른 존재이며 너의 고난이 나와 무슨 상관이냐는 벽을 보였으므로 내가 느낀 상실감은 그만큼 컸다.

물론 나를 가장 가깝게 오랫동안 정성과 사랑으로 보살펴 주는 엄마가 나와 함께 고난을 받는다고 할 수 있겠지만, 엄마가 결코 내 모든 것과 함께 할 수 없으며 나에게 위로가 되거나 평안을 주지는 않는다. 그 누가 알고 함께 할 수 있겠는가. 나의 고난의 힘겨움을. 내가 그 사람의 입장이 돼 보지 않고서는 그 사람의 심정을 알지 못한다는 말처럼, 장애인의 입장이 돼 보지 않고서는 장애인의 고통스러운 심정이야말로 아무도 모를 것이다.

그러나 단 한 분만은 지금 나의 고난과 함께하고 계시다는 확신이 있다. 바로 예수님이다. 이미 예수님이 십자가에서 나의 연약함과 고난을 감당하셨고 이겨내셨기 때문이다. 하나님은 나의 고난을 없애주시는 게 아니라 나의 고난과 함께하시기 위해 예수님을 보내주셨고, 예수님은 기꺼이 나의 고난 속으로 들어오신 것이다. 그렇게 예수님은 나를 위해 하나님과 동등함을 버리시고 자기를 비워 십자가에서 죽기까지 복종하셨다. 그것이 내게 얼마나 큰 기쁨과 위로 살아갈 힘이 되고 마음에 평안을 주는지 모른다. 바로 이런 예수님의 자기를 비우는 마음이 참된 긍휼이고, 예수님의 겸허한 섬김의 삶이 곧 긍휼의 삶일 것이다.

헨리 나우웬의 저서에서 긍휼은 특권적인 위치에서 허리만 구부려 소외된 자들에게 행하는 것이 아니고, 높은 곳에서 낮은 곳에 있는 좀 더 불운한 자들에게 손을 뻗치는 것이 아니며, 상향성의 삶을 성취하지 못한 자들에게 동정 어린 태도를 취하는 것이 아니란다. 긍휼은 직접 그 사람들에게 다가가 고난의 가장 극심한 곳으로 들어가 거기에 자리 잡는 것이란다. 예수님의 삶이 그러하셨다.

여기서 말하는 긍휼이란 사람들이 흔히 갖는 피상적이거나 그저 스쳐 지나가는 슬픔이나 동정 따위와는 다르다. 좀 더 깊은 데서 우러나는 무게가 있고 위대한 사랑의 울림이 아닐까 싶다. 예수님은 그 사랑의 울림을 간직한 채, 긍휼의 삶을 사셨다. 오늘날 사람들이 그 사랑의 울림을 품어보길 원하고 예수님의 발자취를 따라가고 있다. 하지만 긍휼의 삶을 살아간다는 것이 내 의지와 결단만으로는 결코 쉬운 일도 아니고 무턱대고 아무나 할 수 있는 일도 아니다. 예수님은 하나님 아버지의 부르심에 온전히 순종하심으로써 묵묵히 긍휼의 삶을 택하시고 걸어가셨다. 그처럼 진정한 긍휼의 삶을 살기 위해서는 우리에게 긍휼을 베푸시는 하나님의 부르심을 받아야 하고, 그 부르심에 온전한 순종이 있어야 한다.

    나는 하나님이 베푸시는 긍휼의 마음은 우리 엄마의 마음과 같다고 생각된다. 그보다 훨씬 인격적이고 영원한 것이라 하겠지만 말이다. 흔히들 자식들에 대한 부모의 사랑을 말할 때, 열 손가락 깨물어서 안 아픈 손가락이 없다고 한다. 하지만 더 아리고 신경 쓰이는 손가락이 있는 법이다. 우리 엄마도 자식들 중에서 건강하고 잘사는 자식보다 연약하고 형편이 어려운 자식에게 더 마음이 가고 걱정한다. 특히 나는 더욱 엄마에게 그런 자식이다. 늘 가슴 아프고 안타깝고 걱정스런 자식. 하나님도 이처럼 힘들고 고통받는 연약한 당신의 자녀들을 더욱 측은하게 여기시고 깊이 다가와 함께 하신다.

    "너희 아버지의 자비하심같이 너희도 자비하라"는 주님의 말씀과 우리가 언제나 나보다 낮은 자들을 먼저 생각하고 우리 가운데 연약한 자들이 진정한 중심이 된다면, 정말 평화롭고 아름다운 공동체가 되고 사회가 될 텐데.

    그리고 장애인과 봉사자뿐만 아니라, 우리가 서로 부부나 형제간이나 친구를 긍휼 어린 마음으로 바라보고 용서하고 받아들일 때. 참된 평안과 행복을 누리는 것이다. 우리가 연약한 자들의 손을 잡고 함께 할 때, 우리 가운데 하나님이 거하시고 하나님의 영광이 빛나는 은혜의 보좌 앞으로 나아갈 수 있게 되는 것이다.

나의 바다 이야기

　강원도 양양으로 이사 와서 가장 좋은 점은, 언제든지 바다를 볼 수 있다는 것이다. 이곳 양양은 차를 타고 조금만 가도 온통 코발트블루의 드넓은 바다가 펼쳐져 있기 때문이다. 전에는 바다는 그저 늘 함께하고 싶은 갈망의 대상이었고, 어쩌다 한번 운 좋게 바다를 찾아오게 되면 '내 평생 또 언제 바다를 이렇게 볼 수 있을까.'라는 간절함에 눈물짓곤 했다.

　그런데 여기선 나를 도와주며 함께 사는 친구가 내가 바다가 보고 싶다면 언제든지 나를 바다에 데려다준다. 차를 타고 찾아간 바닷가에서 친구는 걸을 수 없는 나를 업고 설탕처럼 서걱거리는 백사장을 걸어 샴페인 거품처럼 순식간에 하얗게 부서지는 파도가 밀려드는 바다 앞으로 다가선다.

　바다를 좋아하고 그리워하는 마음이 닿아서 이 친구와 인연이 되어 이곳까지 오게 하고, 이렇게 함께 아름다운 바다 앞에 설 수 있는 것이 아닐까 싶다. 정호승 시인은 누구나 언제나 찾아갈 수 있는 자기만의 바닷가가 있는 게 좋다고 했다. 나에게도 이제 언제나 찾아갈 수 있는 나만의 바다가 생긴 것이다. 그렇게 친구의 등에 업혀서 잠잠히 바다 앞에 서니, 바다에 대한 의미와 존재감이 새롭게 와 닿는다. 그리고 바다의 마음을 읽을 수 있고, 무한한 바다를 더 깊고 넓게 생각하게 된다.

우리 눈 앞에 펼쳐진 바다는 굳지도 않으며 풍화되지도 않는다. 바다는 칼로 허리를 잘려도 금세 아물고 군함이 지나가도 그 흔적을 남기지 않는다. 바다는 무엇에 의해서도 손상되는 법이 없다. 어떤 지배도 인정할 수 없는 바다는, 무엇에 대한 자신의 군림도 원치 않는다. 바다는 항상 낮은 곳에 머물며 모든 것은 평등의 수평선 위에서 출발하기를 바란다.

어부들은 그물을 던져 고기만 넘겨줄 뿐. 바다는 언제나 그물 밖에 서 있다. 바다는 두 손으로 뭉쳐도 뭉쳐지지 않고 잘라내도 조금만 찻잔 하나 만들 수 없다. 그것은 무엇에 의해서도 구속되지 않으며 어떤 형태로든 규정되고 싶지 않은, 자유로운 영혼, 길들기를 거부하는 야성(野性), 모든 것은 시작도 끝도 없으며 단지 하나의 과정임을 말하고 싶은 것이다.

바다의 깊고 푸른 눈동자를 들여다보고 있으면 우리는 우리의 눈물이 얼마나 작고 초라한 것인가를 안다. 더는 갈 곳 없는 도망자들이 찾아가고, 더는 살고 싶은 마음이 없는 사람들이 찾아가고, 까닭 없이 가슴이 답답할 때, 우리가 찾아가는 바다. 바다는 물 한 모금 주지 않고도 우리들의 갈증을 풀어준다. 우리들의 수척한 어깨를 그의 부드러운 어깨로 감싸안는다.

삶에 대한 회의 앞에선 바위에 부딪치는 파도로 대답하고, 사랑에 대한 의문 앞에선 퍼렇게 멍든 가슴을 헤쳐 보이다가도 그리움 앞에서는 아득한 수평선으로 물러나 가느다랗게 실눈을 뜬다.

사람보다 먼저 취하고 사람보다 먼저 깨는, 슬픔의 눈물만이 아니라 기쁨의 눈물까지를 함께한 그는, 모든 만(灣)과 항구와 운하를 가득 채우고도 오히려 넘친다.

때로는 맹수처럼 포효하고 때로는 절벽 같은 해일이 되어 인간이 이룬 모든 것들을 한순간에 쓸어버리고 무화(無化)시켜버린다 해도, 우리는 성낼 것이 못 된다. 바다로부터 건져 올린 그 많은 전체에 비한다면 우리가 잃은 것이란 극히 작은 부분에 지나지 않기 때문이다.

깊이도 무게도 잴 수 없는 하나의 물방울이면서 모든 물방울인 바다, 어린 아이의 조그만 손에 의해서도 가끔 가볍게 들릴 줄 아는, 꿈과 환상을 함께한 동심의 바다, 그러나 영리한 바보들은 그것을 모른다.

열두 살 때 내가 본 최초의 바다는 경이(驚異)였다. 마흔 살이 된 지금 친구의 따뜻한 등에 업혀서 본 바다는, 어느새 그의 진심으로 내 외로운 날들을 지우고 그의 커다란 눈물에 나의 작은 눈물을 받아들인다. 그리고 마침내 바다는 그의 품 안에 나의 존재마저 말없이 보듬어 준다.

나비의 꿈

앉아있어도 아프고 누워있어도 아프다. 병원에 갔더니 목 디스크란다. 항상 몸이 뒤틀리고 강직된 상태라서 어떻게 할 수가 없단다. 대부분 나와 같은 뇌성마비 장애인들은 나이가 들어가면서 목 디스크로 인해 극심한 고통에 시달린다고 하던데 내게도 그 시기가 찾아왔구나 싶었다.

상태가 더 나빠져 통증이 심해지면 수술도 고려해 봐야 한단다. '어휴 또 수술이라니.' 여러 번의 수술 경험상 수술받는 건 전혀 두렵지 않은데, 비용도 부담이 되고 수술 전후의 과정들도 너무 힘들고 무엇보다 곁에서 간호해 주는 가족에게 미안함이 커서 수술하기는 정말 싫다. 지금은 약만 계속 하루에 몇십 알씩 먹고 있는데, 언제까지 약으로 견딜 수 있을지 모르겠다.

그런데 이상하게도 몸은 너무 많이 아프고 힘겨운데, 마음은 왠지 전보다 더 편안해지고 기쁨이 가득하다. 나도 처음엔 하나님 제가 무슨 죄를 그리 많이 지었다고 저더러 어떻게 살라고 왜 이런 고통을 또 더하시는 겁니까?라고 억울해서 울며불며 원망했다.

하지만 하나님은 고통 가운데 나와 함께 하셔서 여전히 나를 의미 없는 존재가 아니라 세상이 줄 수 없는 평안과 큰 사랑을 받는 존재임을 각인시켜 주셨다. 로마서 6장에 구원받은 우리는 법 아래 있지 않고 은혜 아래 있다고 했다. 율법 아래 있으면 나는 정말 참담한 죄인이고 저주받은 인생이다.

그러나 하나님은 나를 향한 긍휼하심으로 이 비천하고 낮은 나를 위해 그의 아들 예수님을 보내사 예수님이 친히 십자가에 못 박혀 피 흘려 죽으시고 부활하심으로 나에게 구원의 기쁨을 누리게 하시고 새 생명을 얻게 하시니 이 얼마나 크고 놀라운 은혜인가! 그 은혜 아래 내가 있으니 나는 얼마나 행복한 사람인가! 정말 예수 그리스도는 약할 때 강함 되시는 우리 주님이시다.

나는 오늘 죽어도 행복하다. 세상에 미련이 없으니까. 더군다나 딱딱하게 굳은 번데기 속에서 아름다운 나비가 나와 날갯짓하듯, 이 고통스러운 육체의 껍데기에서 벗어나 자유로운 영혼이 되어 하나님의 품으로 안기는 거니까.

전기성

2006.12 소설 "성공시대"

한국밀알선교단 믿음소망사랑의글 우수상 수상

밀알기독문학회

단팥빵과 짜장

 내가 여러 가지의 일을 겪어 봤지만 이런 황당(?)하고 또 고마운 일은 처음이었다. 그 이야기들을 꺼내보려 한다.

 Ep 1.
 5~6년 전쯤의 일이다. 누구의 부탁을 받고 단팥빵을 사러 보라동에 있는 P사의 제과점에 들어가려고 하는데 주인으로 보이는 남자가 입구에서부터 기분 나쁘게 인상을 쓰면서 '뭐하러 왔느냐?'고 물어보는 게 아닌가. 그래서 빵을 사러 왔다고 했더니 들어가라고 했다. 들어가서 단팥빵을 고르고 계산을 하러 가고 있는데 일일이 내 동선(動線)을 체크를 하고 흠집이 난다며 계속 소리를 지르면서 잔소리를 했다. 나도 전동휠체어를 타고 있어서 흠집이 나게 하지 않게 하려고 조심을 하는데 말이다. 물론 그 일이 있기 2~3일 전에 그 제과점에 빵을 많이 사 가지고 집에 온 적이 있다. 그때 가격을 다 계산하고 왔는데 그런 일을 당하니 황당하고 매우 기분이 나빴다. 그리고 그때 계산이 다 안됐다면 내가 갔을 때 말을 하면 주지 않았겠는가? 그럼 그때 내가 혹시 흠집을 낸 게 아닌가도 생각해 봤다. 만일 그렇다면 수리비를 나한테 청구하면 내가 아니면 식구들이 수리비를 주지 않았겠는가. 어떤 사람들은 나보고 사회생활을 안 해봐서 그런 일 때문에 기분 나쁘게 생각한다고 할지 모른다. 사회생활이라는

게 얼마나 더럽고 치사한지 아느냐고. 내가 온실 속의 화초처럼 커서 이런 일로 기분 나빠 할 수도 있다. 하지만 모든 사람이 나 같은 일을 당한다면 크게 싸우고 나올 일이다. 나는 소리 지르고 싸우는 게 싫어서 단팥빵의 가격을 계산하고 나왔다. 지금도 그 생각을 하면 그때 싸우고 나왔을 걸 하고 후회와 함께 화가 치솟아 오른다. 다르게 생각하면 그때 싸웠다면 지금쯤 크게 후회하지 않을까 생각해 본다. 지금은 거기서 이사를 왔지만 이사 오기 전까지 나와 우리 집 식구들은 그 제과점을 이용하지 않고 그 옆에 제과점 T사를 이용했다.

Ep 2.

2년 전의 일이다. 오랫만에 친구를 만나 죽전 S백화점 7층에 있는 X중화요리점에 갔다. 입구부터 반갑게 맞아주는 여직원이 있었다. 안내해 주는 곳으로 가서 자리를 잡았다. 음식은 꿔바로우와 짜장면을 시켰다. 친구도 몸이 불편해서 외투를 벗어서 의자에 걸어 달라고 했더니 흔쾌히 해줬다. 밑반찬이 나와서 식탁이 어지러웠다. 식탁을 정리해 달라는 말도 안 했는데 그 여직원이 와서 정리를 해줘서 정결한 마음으로 먹을 수 있겠다는 생각을 했다. 드디어 꿔바로우가 나왔다. 꿔바로우를 잘라 줘서 맛있게 다 먹기 전에 짜장면이 나왔다. 손이 불편한 나는 잘 비비지를 못해서 누가 비벼줘야 먹을 수가 있다. 그 여직원이 와서 "기분 나쁘지 않으시다면 비벼 드려도 될까요?"라고 물어보는 게 아닌가. 나뿐만이 아니고 친구 것까지 비벼줬다. 최고의 대접을 받은 것 같아 기분 좋게 그 집을 나올 수 있었다.

지금까지 받은 최악의 대접과 최선의 대접에 대해 생각해 봤다. 최선의 친절과 행복을 줄 수 있도록 해야겠다.

내 친구

나에게는 세상 그 무엇과도 바꿀 수 없는 친구가 있다. 나와 그 친구가 처음 만난 건 초등학교 1학년 때였으니 지금부터 44년이 됐다. 그리고 특수학교 학급 특성상 6년 동안 계속 한 반을 같이 보내야 했다. 그러니 죽마고우(竹馬故友)라고 해도 될 것이다.

그동안 수도 없이 싸웠지만 먼저 손을 내밀며 화해를 청해 왔던 친구. 지금 생각해 보면 정말 아무것도 아닌 문제가 그 당시에는 크게 생각되어 언성을 높이며 싸웠던 게 한두 번이 아니다. 자존심 문제 등으로.

그런데 정말 위기가 다가왔던 적이 있었다. 그 친구도 몸이 불편해서 중학교 2학년 때 다리 수술을 해야 했다. 그래서 그 친구는 1년을 휴학했다. 그 당시 나는 수술을 다음에 하면 안 되느냐고 설득하려 했지만, 부모님과 가족회의를 한 결과 어쩔 수 없다며 수술대에 오른 친구를 바라볼 수밖에 없었다. 내가 가장 우려했던 건 'out of sight, out of mind.'라고 눈에서 멀어지면 마음도 멀어진다는 이 말이었다. 그런데 우리에게 있어서 이 말은 적용이 되지 않았다. 우리는 매일 전화로 안부도 묻고 사소한 것도 나누었다.

그리고 두 번째 위기는 나는 인문계 고등학교로 진학했고 그 친구는 특수학교에 남아있는 상황이 된 것이다. 그때도 우리를 위기에서 건져준 건 전화였다. 역시 전화는 우리가 떨어져 있을 때 우리를 잇게 해준 오작교였다.

  물론 지금도 사소한 문제로 다투기는 한다. 그때마다 느끼는 거지만 다투면서 우리의 우정은 더욱 돈독해져 간다는 것이다. 빗물이 마른 땅을 더욱 단단히 하듯이.

  우리는 집안의 대소사까지도 얘기하는 사이이다. '친구와 포도주는 묵은 것일수록 좋다.'라는 옛말이 있다. 이 친구와의 우정도 이 말처럼 평생 깨지지 않고 갔으면 하는 작은 소망을 품어본다.

봄꽃처럼 지신 할머니

사람이 간절히 바라면 그대로 이루어지는 경우가 있긴 있나 보다. 바로 우리 할머니의 일이다. 우리 누나들이나 내가 할머니께 "할머니, 소원이 뭐에요?"라고 여쭈어보면 "소원? 내 소원은 따뜻한 봄에 죽는 거야. 춥지도 않고 덥지도 않은 따뜻한 봄에. 그래야 자손들이 고생을 덜 하지."라고 말씀하셨다. 그러더니 정말로 개나리가 다 지고 벚꽃도 진 95년 4월 20일에 돌아가신 것이다. 봄꽃처럼 그렇게…

할머니의 자녀 사랑은 특별하다고 할 수 있다. 물론 어느 부모나 자녀에 대한 사랑이 특별하지 않다고 할 수 없지만 우리 할머니의 사랑은 좀 유별나다고 할 수 있다. 아버지 위로 세 명의 형제분이 더 계셨는데 모두 어렸을 때 병으로 돌아가셨다고 한다. 그리고 아버지를 낳으셨고 아버지 밑으로 여동생(고모)을 낳으셨으니 얼마나 정성 들여 키우셨을까? 짐작이 가고도 남는다. 그래서 할머니께서 돌아가실 즈음에 '내가 죽으면 아범이 보고 싶어서 어떻게 눈을 감을지 모르겠다'고 이 이야기를 들은 누나들과 엄마께서 가끔 말씀하신다.

어느 여름날 아침에 옆집 할머니께서 창 너머로 바라보니까 우리 할머니께서 무슨 좋은 일이 있는지 덩실덩실 춤을 추시더란다. 나중에 알고 보니 내가 태어난 날이었다. 할머니는 그렇게도 내가 태어난 게 기쁘셨나 보다.

내가 어렸을 때 할머니께서 나를 업고 동네 한 바퀴 돌 때 초등학교를 지날 때면 내가 "할머니, 나 크면 꼭 이 초등학교 갈거야."라고 말하면 할머니는 "꼭 얼른 나아서 꼭 이 학교 다니거라."라고 말씀하신 게 얼핏 기억난다.

할머니께서는 내가 학교 다닐 때 아침에 옷 갈아입는 걸 도와주셨고, 하교하고 집에 와서 손 닦을 때 내가 몸이 불편하니까 직접 목욕탕 입구까지 대야에 물을 뜨고 비누를 가지고 오셔서 손을 씻겨 주셨다. 그리고 숙제가 많고 시험공부 할 때 밤늦게까지 같이 있어 주시곤 하셨다.

돌아가시기 이틀 전에 힘겹게 '공...부 열심...히... 하거...라.'라고 말씀하셔서 바로 옆방으로 가서 소리 높여 엉엉 울었다. 바로 대성통곡이라는 걸 처음 해본 순간이었다. 내가 소리 내어 우니까 마루에 계시던 아버지께서 할머니께서 돌아가신 줄 알고 '무슨 일이냐?'며 뛰어오셨다. 그리고 할머니께서는 이후에 아무 말씀도 못 하시고 돌아가셨다. 나한테 하신 마지막 말씀이었다.

할머니의 돌아가심은 나에게 첫 번째 영원한 이별의 아픔이었다. 할머니의 큰 사랑을 받고 자란 나. 이제 그 사랑을 주변 사람들에게 나누어 주어야겠다. '할머니, 그립습니다. 그리고 사랑해요.'

어느 봄날의 만남

지금으로부터 5년 전 쌀쌀한 3월의 어느 봄날. 나는 친구인 목사를 8년 만에 만나러 강남역에 갔다. 당시 서대문 북가좌2동에서 부목사로 사역하는 친구다. 서울 서대문과 경기도 용인의 중간지점인 강남역으로 정한 것은 나였다. 누군가는 '몸이 불편한 네가 왜 힘들게 가야 하느냐?'고 물을 수도 있지만 친구가 그동안 나를 만나러 우리 집까지 계속 와주었다. 그래서 전동휠체어도 있는데 내가 만나러 가야겠다고 생각한 것이다. 나는 지하철을 타고 갔다. 친구도 차가 고장이 나서 지하철로 왔다고 말했다. 그래서 우리는 개찰구에서 만나 음식점을 찾아 한참을 돌아다녔다. 우리는 강남역 근처에 10여 년 만에 가는 길이라서 맛집이 어디에 있는지 몰랐다. 우리는 사람들과 스마트폰의 도움으로 일식집에서 회덮밥을 먹기로 했다. 점심과 커피를 마시면서 우리는 이런저런 얘기를 했다.

내 기억으로 친구를 처음 만난 건 고3 때 짝꿍으로 만난 것 같은데 그 친구의 기억은 달랐다. 고2 때 우리는 앞뒤 반에 있었다. 그래서 화장실을 같이 사용했다. 어느 날 화장실에 같이 들어갔는데 친구가 살짝 쳤는데 누군가가 넘어지더라고 말했다. 그게 나였다. 그래서 일으키면서 미안하다고 말하고 내 얼굴을 기억하면서 우리 반에 올 때마다 하나님께 기도했다고 말했다. 제발 같은 반이 되게 해달라고. 그 친구의 기도 덕분으로 우리는 같은 반이 되었다. 그

것도 짝꿍으로.

　고3 어느 날, 윤리 시간으로 기억된다. 수업이 시작되고 얼마 안 되어 아랫배에 묵직한 것이 신호(?)를 보내는 게 아닌가? 그때 학교에는 좌변기만 있고 양변기는 직원 화장실에만 있어서 앞 건물로 가야만 했다. 그때 나는 몸이 불편해서 친구들의 도움을 많이 받았다. 그래서 짝꿍이 같이 가겠다고 해서 우리는 앞 건물로 이동했다. 무사히 일(?)을 본 나는 수업 시간이 5~10분 정도밖에 안 남았다는 걸 알았다. 그래서 짝꿍과 나는 그때 들어가면 혼날 것 같아서 그냥 땡땡이치기로 마음먹고 다음 수업 시간에 들어갔다. 우리는 그때 그 이야기를 하면서 '그땐 그랬지.' 하면서 웃고 추억에 잠기곤 했다.

　약 13년 전쯤 나한테 사이버 총회 신학이라는 신학교를 알려주고 중국에 선교사로 파송되었다고 하면서 중국으로 가 버린 친구.

　전화번호도 010으로 통일되기 이전에 번호라서 알아낼 길도 없었고 이메일도 휴면이 되었는지 응답 메일도 없었고 SNS도 안 하는지 찾을 수가 없었다. 그래서 마지막 방법으로 각 교단에 총회가 있다고 어디선가 들은 기억이 있어서 거기를 찾아가기로 했다. 친구가 속한 교단 총회가 역삼동에 있다는 걸 인터넷에서 알아내고 거길 지하철을 타고 그해 추운 겨울에 갔다. 그래서 휴대폰 번호를 알았고 즉시통화를 해서 만난 것이다.

　지금은 미국 버지니아주에 부목사로 청빙되어 사역을 하는 친구. 한국에 나올 수 없냐고 묻는 나에게 아이들 교육 문제 때문에 쉽게 나올 수가 없다고 했다. 그래서인지 그 친구가 더 보고 싶고 그립다.

　5년 전 잠시나마 고등학교 때로 추억 여행을 같이한 친구에게 고맙고 그 친구가 한 말이 지금까지 기억에 남는다. '시험만 없다면 그때로 되돌아가고 싶다.'고.

고교 시절의 음악

음악은 사람과 사람을 이어주는 가교역할을 한다. 가령 레스토랑이나 카페에 음악이 없다면 삭막해질 것이다. 물론 너무 시끄러운 음악이나 볼륨을 크게 틀어서 대화에 방해를 준다면 그건 한번 생각해 볼 문제일 것이다.

모든 예술, 문화 분야에 적용되겠지만 음악에는 다양한 장르가 존재한다. 클래식, 대중가요, 국악 등 다양한 장르가 있다. 어디 그뿐인가. 대중가요만 하더라도 댄스, 발라드, hippop 등 셀 수 없을 정도로 많고 다양하다. 그중에서 내가 좋아하는 장르는 조용한 발라드이다. 이제부터 내가 발라드를 좋아할 수밖에 없었던 이유를 적어보려 한다.

고등학교 때는 감수성이 극도로 예민해지는 시기이다. 다른 친구들은 이 시기에 스트레스가 쌓이면 축구, 농구 등을 하면서 스트레스를 풀어버리곤 한다. 하지만 몸이 불편한 나는 운동을 할 수 없어서 다른 돌파구를 찾아야만 했다. 스포츠 중계를 보면서 응원하는 팀이 이기면 스트레스가 풀리지만 지면 스트레스가 더 쌓이는 걸 느꼈다. 그래서 이건 아니다 싶어 다른 걸 찾다가 대중가요의 발라드를 찾은 것이다.

내가 고등학교 때 가장 인기가 있었던 가요는 변진섭의 '새들처럼', 이승철의 '마지막 콘서트', '소녀시대' 등의 가요였다. 물론 이 노래들도 좋지만 내가 그 당시에 좋아했던 노래는 조정현의 '슬픈 바다'였다. 이 노래는 지금까지도 내가 좋아하는 곡이다.

그 당시 나는 특수학교에 다니다가 인문계 고등학교에 다니게 되었다. 그렇게 되니까 등하교할 때가 가장 큰 문제였다. 특수학교에서는 스쿨버스가 있어서 그걸 타고 등하교를 하면 됐는데 인문계 고등학교는 스쿨버스가 없고 일반 버스를 타야 하니 위험해서 큰 문제가 아닐 수 없었다. 그래서 부모님께서 나하고는 나이 차가 많이 나는 큰 누나보고 운전을 배워서 나를 태우고 다니라고 하셨다. 그래서 등하교 문제도 해결되고 큰누나랑 좀 더 가깝게 지낼 수 있는 계기도 마련되었다.

지금은 기억이 가물가물하지만 아마 고2 때로 기억된다. 그 당시에는 동네 레코드 가게에서 돈 얼마를 계산하면 카세트테이프에 녹음을 해주었다(지금은 불법복제라고 해서 그렇게 할 수 없다). 그렇게 해서 카세트테이프가 많았는데 그중에 으뜸은 조정현의 '슬픈 바다'였다. '그대여 여기 바다가 보이고 /많은 사람들은 /한 가지씩 좋은 추억에 /바다를 더욱 아름답게 하지만'으로 시작되는 이 노래는 등하교할 때 특히 하교할 때 내가 스트레스가 쌓이면 큰누나는 이 노래를 틀어주면서 "기분 풀어!"라고 말했고 나는 "응, 알았어."라고 대답했다. 그리고 이 노래는 큰누나랑 나의 관계를 더욱 튼튼히 묶어주는 역할도 담당했다.

지금은 큰누나네 식구가 미국에 있어서 가끔 전화 통화를 하지만 내 고등학교 때 이야기가 나오면 이 노래 이야기는 빠지지 않는다.

이처럼 좋은 노래는 식구뿐만 아니라 사람과 사람 사이를 묶어주는 역할을 한다. 그리고 내 감정이 풍부한 것도 고등학교 때 좋은 노래를 많이 들어서인 것도 같다. 이 글을 쓰고 있자니 조정현의 '슬픈 바다'가 듣고 싶어지는 건 왜일까?

봄이 오는 길목에서 만난 선생님

3월 초, 학창 시절에 누구에게나 새 학기, 새 친구, 새 선생님에 대한 설레임이 있을 것이다. 나에게도 그런 설레임이 있었으니…

1988년, 사회 분위기는 올림픽 준비로 바쁘고 들떠 있던 분위기였다. 나도 사회 분위기만큼, 아니 더 들뜨게 한 일이 생긴 것이다.

그때 난 중3이었다. 3월 초 어느 날 개학식을 하러 학교에 갔는데 놀라운 일이 벌어진 것이다. 당시 우리 학교에서 가장 예쁘고 우아하신 음악 선생님이 우리 담임선생님이 되신 것이다. 얼마나 예쁘신지 남학생들 사이에서는 미국 배우 피비 케이츠를 닮았다는 말들이 있었다.

개학을 하고 15~20일 후 난 그만 감기에 걸리고 말았다. 감기에 걸려 하교를 하는데 얼마나 아프던지 차를 타고 온 것과 집에 와서 저녁을 어떻게 먹었는지 지금도 기억이 안 난다. 자고 일어나보니 머리 근처에 대야와 수건이 있는 게 아닌가. 내가 열이 나니까 누나들이 찬물을 대야에 받아와서 수건에 적셔서 내 머리에 얹어주었다고 어머니가 말씀하셨다. 다음날 누나들과 엄마랑 식구들은 나보고 감기가 심하니 학교에 가지 말라고 말했다. 다음날은 수학의 핵심인 인수분해를 배우는 날이었다. 큰누나가 인수분해를 가르쳐준다면서 학교에 가지 말라고 했지만 나는 가야 한다고 하면서 다음날 나는 학교에 갔다.

인수분해는 핑계였고 예쁘신 담임선생님을 보러 간 목적이 더 큰 것이다. 하교할 즈음에 어머니가 학교에 오셔서 전날 나의 상태를 설명해 주시자 '얼마나 힘들었니?' 하시며 선생님께서 위로해 주셨다.

6월에 어머니는 큰 교통사고를 당하셨다. 선생님께서 엄마 문병을 다녀와서 "어머니께서 크게 다치셨더라. 네가 열심히 공부해서 엄마께 위로가 돼 드려."라고 말씀하셨다. 난 그 이전부터 인문계 고등학교에 진학하려고 공부했으나 그 시점부터 더 열심히 공부했다. 그래서 그 결과 인문계 고등학교에 진학했다.

나에게 있어서 여러 고마운 선생님들이 계시지만 가장 힘들 때 힘이 되어준 선생님은 중3 때 담임선생님이신 것 같다. '보고 싶습니다. 선생님. 그리고 고맙습니다.'

나의 예수님

크리스찬이라면 누구나 가장 좋아하고 닮고 싶은 사람이 누구냐고 묻는다면 예수님이라고 대답할 것이다. 나도 예외가 아니어서 예수님이 나의 롤모델이다. 그렇다면 나는 이제부터 예수님이 나의 롤모델이 된 계기와 이유를 적으려고 한다.

우리 집에서 예수님을 가장 먼저 영접한 사람은 작은누나였다. 작은누나는 중, 고등학교를 미션스쿨에 다녔기 때문에 예수님을 영접하는 데 있어서 어려움은 없었을 것이다. 그런데 어려움은 항상 예상치 못한 곳에 있는 법. 바로 집안의 반대가 그것이다. 그 당시 우리 집은 불교를 믿었기 때문이다. 지금 생각해 보면 집안 식구가 모두 반대하는데 교회에 나가던 작은누나를 생각하면 대단하고 위대하다고밖에 표현할 말이 없다. 그리고 그 당시 작은누나가 눈물을 흘리며 기도했던 제목이 '우리 가족들의 굳은 마음을 녹여 주시어 예수님을 영접하게 해 주세요.'라는 게 아니었을까 생각이 된다. 그리고 작은누나 다음으로 예수님을 영접한 사람이 큰누나다. 큰누나는 친구들과 교회에 나가 예수님을 영접하게 되었다. 그리고 작은누나는 교회에서 독실한 기독교 신자인 매형을 만나 결혼하게 되었다.

고등학교를 졸업하고 몇 개월 후 나는 작은누나에게 교회에 같이 나가도

되겠느냐고 물었더니 그렇게 하자고 했다. 부모님께도 교회에 나가겠다고 했더니 그렇게 해라고 해서 적잖이 놀랐다. 난 부모님께서 반대할 줄 알았는데 순순히 허락해 주셔서 놀랐던 것이었다. 작은누나가 어려운 길을 다 닦아놓고 난 그냥 편안한 길에 올라탄 기분이어서 미안한 마음이 지금까지 든다. 그리고 내가 교회에 같이 가자고 했을 때 작은누나는 놀랐다고 나중에 얘기해 주었다. 그리고 부모님은 내가 몸이 불편해서 언젠가는 종교가 필요할거라 생각하고 있었는데 교회에 나가겠다고 하니 반대하지 않고 그냥 허락해 주셨다고 나중에 말씀해 주셨다. 이때까지도 부모님은 교회에 나가지 않으시고 절에 다니셨다.

    부모님께서 예수님을 영접하게 된 계기는 바로 나의 수술 때문이었다. 모든 부모님의 약점은 자식이라고 누가 말했던가. 우리 부모님도 마찬가지다. 부모님께서 캐나다에 여행을 가셔서 엄마가 편찮았을 때도 교회에 안 나가시던 분들인데 자식인 내가 수술을 받는다고 하니 그제서야 예수님을 영접하게 된 것이다. 병실에서 나는 성경을 보고 엄마는 불경을 보신다는 것이 왠지 꺼림칙하셨나 보다. 그래서 부모님께서 의논한 후 개종을 하기로 하시고 그날 부적이라는 부적은 다 꺼내 불태워 버렸다고 내가 퇴원한 후에 말씀해 주셨다.

    그로부터 몇 년 후 형네 식구는 경제적으로 어려움을 겪고 난 후 예수님을 영접하게 되었다. 이렇게 우리 집 식구 모두가 예수님을 영접하게 된 건 작은누나, 큰누나 그리고 내가 열심히 기도했기 때문이리라.

    내가 예수님을 영접하고 난 후 가장 큰 변화는 마음이 그렇게 편안할 수가 없다는 것이다. 예전에는 일이 잘 안 되거나 안 풀리면 초조하거나 불안했었는데 지금은 한결 여유가 생긴 게 큰 변화라고 할 수 있겠다.

성경을 보면 알 수 있듯이 예수님은 항상 소외된 계층과 함께 계셨다는 것을 깨달을 수 있다. 예수님은 항상 장애인, 과부, 고아 등 사회적 약자들에게 하나님의 말씀을 전하셨고 그들의 필요가 무엇인지 챙겨 주셨다. 예수님의 닮고 싶은 점(십자가상에서의 자기희생, 십자가를 통한 구원 등)이 많이 있지만 나는 이 점을 닮고 싶은 것이다. 괄호 안의 것은 너무 고차원이라서 나 같은 인간은 감히 꿈꿀 수도 없는 일이다. 물론 소외된 계층, 사회적 약자를 돕는다는 게 저차원의 일이 아니라는 점을 말해 주고 싶다. 나는 예수님께서 하신 수많은 일들 중에서 하기 어려운 일이 아니라 우리가 할 수 있는 쉬운 일을 찾아 하면서 조금이라도 닮아 가자는 것이다.

　오늘 밤에 기도하는 중에 '예수님, 사랑해요.'라고 외치고 기도를 마쳐야겠다.

조수정

밀알기독문학회

2015년 1월~현재 한국밀알선교단 월간 밀알보 편집장

다른 장애인들은 어떻게 살고 있지?

지난 수요일 아주 오랜만에 ㅅ자매를 만났습니다. 복지관에서 계약직으로 일하고 있는 뇌병변 장애인입니다. 보행하는 데는 지장이 없으나 언어장애가 있습니다. 수서역에서 식사를 하고 카페에서 이런저런 이야기를 하던 중 장애를 안고 살며 이제는 나이가 들어가니 몸이 더 불편해진다는 이야기를 나누게 되었습니다. ㅅ자매는 전부터 목 디스크로 많이 힘들었는데 그 고통이 여전히 진행 중이었습니다. 그러다 보니 퇴근을 하고 집에 돌아오면 목 통증으로 대부분의 시간을 누워서 보낸다고 했습니다. 거기다 치아 치료까지 해야 하는데 경직 때문에 장애인 치과에서 전신마취를 한 후 온몸을 꽁꽁 묶고 한다고 했습니다.

장애를 갖고 사는 것도 힘든데 나이가 들어가며 몸이 더 망가지니 더욱 서럽다고 이 어려움을 어디에 이야기하냐고 했습니다.

"나한테 와서 이야기해. 내가 다 들어줄게."

"나만 힘든가? 다른 장애인들은 어떻게 살아가고 있지?"

그 순간 밀알의 몇몇 단원들이 생각났습니다. ㅅ자매와 같이 뇌 병변으로 고통받는 단원들이 떠올랐습니다. 뇌의 어느 부분이 손상되었는가에 따라서 균형을 못 잡아 비틀거리며 쓰러지기도, 혹자는 팔다리가 의지와 상관없이 마구

뻗쳐서 침대 난간에 묶이기도, 혹자는 안 들려 보청기를 하고 안경으로도 교정시력이 안 나와서 병원 검사를 하기도, 심한 경우 드물기는 하지만 듣지도 보지도 못하는 농·맹인이 되기도 합니다. 장기의 근육도 약해져 먹는 것, 배설하는 것도 힘들고 목 디스크와 치아가 상하는 것은 기본이고 경우에 따라 뇌전증이나 성격 장애를 동반하기도 합니다.

장애는 모두 힘들고 불편하지만, 가히 뇌병변 장애는 신체 모든 영역 중 어느 기능이라도 치료될 수 없는 장애 속의 장애라고 할 수 있습니다.

자매는 균형 감각이 떨어져서 걷거나 서 있을 때 자신의 의지와 상관없이 몸이 흔들려 비틀거리며 넘어지기가 다반사입니다. 넘어져 일어나기도 힘들고 가까스로 일어나도 비틀거리며 또 쓰러지기 일쑤입니다. 그럴 때마다 이가 부러지거나 몸 어딘가에 골절이 생기고 피부도 찢어져 봉합 수술을 할 때도 종종 있습니다. 하지만 몸이 다친 것은 둘째치고 이런 상황으로 인해 받게 되는 마음의 상처는 이루 말할 수 없습니다. 눈물이 그칠 줄 모르고 이렇게까지 살아서 뭐하나 싶고 여기서 사는 것을 멈추고 싶다는 생각만 듭니다. 몸의 균형을 잡을 수가 없고 아무 때나 경직이 돼서 뻗치는 증상이 일어나기에 아무리 걸을 힘이 있다고 해도 안정감이 없어 그 힘이 걷는 데 큰 도움이 되지 않습니다.

자매는 걷다가 균형을 잃고 넘어져 목뼈가 골절되기도 했으나 위험한 부위라 병원에서 손쓸 수가 없어 자연적으로 붙게 둘 수밖에 없었습니다. 거기에 더해 다른 부위의 경추의 심한 경직 때문에 협착수술을 하기도 했습니다. 근래에 와서는 수술을 하지 못한 경추의 협착이 심해져 신경이 눌려 손발을 움직이기가 어려워졌고, 결국 MRI를 찍고 수술 날짜를 잡는다고 합니다.

그 외에도 장애로 고통을 받는 단원들은 많습니다. 그런 이야기를 들을 때마다 왜 장애가 우리에게 왔는지 원망스럽고 마음 아픕니다. 저 또한 장애인이면서 이런 상황에서 신앙의 힘으로 위로한다는 것이 참 감상적이고 뜬구름을 잡으라는 말로 들리겠지 싶어 아무 말도 할 수가, 아니 떠올리기조차 싫을 때가 있습니다.

성장하면서 많은 것을 누리지 못한 삶, 기본적인 교육의 기회를 얻지 못하기도 하고 비장애인 또래 집단에서 성장하지 못하고, 그 또래 집단에 있었다 할지라도 약자가 되어 기를 펴지 못하고 자기 결정권을 주장하지 못하고, 그 설움을 또 다른 약자에게 표출하는 죄를 짓고, 더러는 상상의 세계와 현실 세계를 오가는 분열에 시달리고, 더러는 크든 작든 우울감이나 우울증과 격렬히 싸워야 하는 이 삶을 누가 알까요?

"서 있는 느낌은 어때?" 누군가 활동지원사에게 한 질문이었습니다. 왜 질문을 던지는지 의아해했다고 했습니다. 오랜 시간을 함께했어도 우리 마음을, 아픔을 모르는 것이지요. 그러나 예수님만은 아시지요. 우리가 왜 이 질문을 하는지 그 마음을 아시겠지요. 그 아픔을 아시겠지요. 모든 아픔을 몸소 겪으시고 물과 피를 쏟고 돌아가신 예수님, 우리 주님이 다 아시니 힘을 내어 봅시다, 현실이 죽고 싶을 만큼 힘들어도. 현재의 고난은 장차 나타날 영광과 비교할 수 없습니다.

생각컨대 현재의 고난은 장차 우리에게 나타날 영광과 비교할 수 없도다

(로마서 8장 18절)

I consider that our present sufferings are not worth comparing with the glory that will be revealed in us.

(Romans 8:18)

언어장애를 동반한 뇌병변 장애인의 신앙생활

OO자매는 언어가 불편한 뇌병변 장애인입니다. 지금 Y시 장애인복지관에서 행정 도우미로 열심히 일하고 있습니다.

OO자매는 서울 대형교회의 지체장애인 부서 청년부에서 예배를 기록하며 서기로 봉사했습니다. 지체장애인 부서에서 성도의 교제와 기도 생활을 해오던 중 부모님께서 하시던 식당을 정리하면서 서울 근교로 이사하게 되었습니다. 처음 몇 년은 전철과 버스를 환승하며 교회에 다녔습니다. 힘들지만 교제가 있는 믿음 생활이 영을 살게 하고 생기를 부어줬습니다.

코로나19가 터지자, 집회가 금지되어 어렵게 다니던 교회도, 작은 시간이나마 일할 수 있었던 직장도 다닐 수 없게 되었습니다. 그 당시에는 장애인뿐 아니라 크리스천들이 온라인으로 예배드릴 수밖에 없었습니다.

그러다 집회 금지가 서서히 풀리고 교회에 다닐 수 있게 되었지만, 멀리 있는 교회에 다시 나가기가 부담스러워 거주하고 있는 곳의 가까운 교회를 찾았습니다. 그러나 교회에 가도 등록할 만한 마땅한 부서를 찾을 수가 없었습니다. 청년의 나이도 훌쩍 지났고 가정을 이룬 것도 아니고 직장을 다니는 것도 아니라, 어디 속해 있어야 할지 막막하기만 했습니다. 그렇게 예배만 드리고 돌아오기 일쑤였습니다. 어쩌다 교회에서 말을 붙이는 교인들이 있다고 할지라도 본인의 언어장애로 위축되고 대답하더라도 상대는 알아듣지 못하고 그 자리를 떠나고 맙니다. 그런 날이면 집에 돌아와 얼마나 많은 눈물을 흘렸는지 모릅니다. '조금만 집중해서 들어주면 들릴 텐데 기다려 주면 내가 종이에 써 줬을 텐데….'하는 생각이 가득했습니다.

'세상이나 교회나 나를 조금도 기다려 주지 않는구나.' 00자매는 교회에 가도 마음이 꼭 닫혀 있습니다. 교회에 가는 기쁨이 00자매에게 없어진 지 오래되었습니다. 어떠한 의무로 구원받은 성도의 책임감 같은 일이 되어버렸습니다. 이 교회 저 교회 다니면서 예배만 드리다 오고 어떤 주일은 유튜브로 전송되는 영상으로 예배드립니다. 이렇게 주일을 보내길 몇 년이 되었는지 모릅니다. 요즘은 부모님이 다니시는 교회에 따라갑니다. 그러나 마음의 문은 여전히 닫혔습니다.

세상에서 소외되는 것도 서러운데 교회에서조차 소외되는 현실이 외롭고 마음이 아픕니다. 먼저 다가가지 못하고 성도의 교제에서 소외된 00자매가 교회 안에 많습니다.

교회는 무엇을 해야 할까요? 00자매가 예전에 다닌 교회처럼 지체장애인이 예배드리는 부서를 만들어야 할까요? 장애 특성상 비장애인 성도와 함께 예배드리기 어려운 청각장애인과 발달장애인들은 따로 부서에 속해 있지만, 시각장애인과 지체장애인은 비장애인 성도들과 통합을 이루고 있습니다. 교회가 지체장애인 부서를 따로 만드는 것은 하나 되기를 원하시는 주님의 뜻과 맞지 않을 수 있으며 장애인 당사자에게도 좋은 경우가 되지 못합니다. 지체장애인 부서에서 활동한 00자매에게 든 생각은 '교회 안에서도 만들어진 섬에 있다'. 는 것이었습니다. 잘리어서 끊긴 다리가 너절하게 바다 위에서 어떤 목적과 방향도 없이 떠서 아무 구실도 못한 채 외부와 단절된 섬 말입니다. 교회는 장애인 성도에게 함께 예배드리고 교제할 수 있도록 다가가고, 서툴지만 천천히 편하게 소통할 수 있도록 도와주고 살펴주는 마음의 애씀이 필요합니다.

　밀알은 교회에서 소외된 00자매와 함께 예배드리며 위안을 주고 있습니다. 그러나 밀알에서 드리는 예배가 교회에서 드리는 예배를 대신할 수 없다는 것을 단원들에게 알려야 합니다. 장애인들에게 복음을 전파하는 밀알, 복음을 받아들인 장애인들을 교회에 정착하게 하기 위해서는 무엇을 어떻게 해야 할까요? 장애로 불편한 몸과 마음이 위축되어 지역 교회에 정착하지 못하는 장애인 성도의 아픔과 어려움을 지역 교회에 적극적으로 알려야 합니다. 단원들이 어떻게 신앙생활을 하는지 살펴야 하겠습니다. 개개인의 단원들이 실제로 교회에 등록하며 신앙생활을 하는지 살펴야 하겠습니다. 단원들에게 '어렵더라도 교회에 등록하고 신앙생활 할 것'을 격려하며 담당 교역자와 밀알이 단원들의 신앙생활을 살펴야 하겠습니다.

옛 도심의 풍경

고달픈 삶의 여정을 달리는 퀵 기사
쭉 늘어선 철물점
간간히 들어선 인쇄소
그리고 잿빛 거리를 누비는 사람들

슬럼화된 뒷골목
술과 씨름한 젊은이의 늦은 하루
오늘 방값을 벌기 위해 밀어주는 군밤 손수레

홍시를 좋아하시던
열셋 나이에 일본으로 끌려갔던 할머니
겨우 볕 드는 골목길에 앉아 계신다

그러나 아직 걷히지 않은 분진(粉塵)
돈의동 사무실을 나선다
과일 손수레를 밀고 가는 등 굽은 노인

위태롭게 숨 고르며 차도(車道)에 들어선다
인도를 가득 메운 포장마차들
또 하루 살아낸 사람들을 맞을 준비를 한다.

나의 노래

  조그만 단추 하나 채우지 못해오늘 아침도 끙끙어깨는 근질근질버럭 화를 내고파소리를 지르고 싶은데오늘도 내 속은 부글부글결국은 부엌에 계시는 어머니 손으로 채우네

  이렇게 못하는 게 또 생겼구나또 속상함에 눈물이 주르륵마음의 손에 쥐고 있는 모래가 스르륵내 손에서 이놈의 모래는 얼마나 빠지는지슬퍼할 시간이 언제인지 알 수가 없네할 수 있는 것들이 못 하는 것이 될 때그때 내 슬퍼할 시간이 되네

  그러나 되어버린 일은 되돌릴 수 없는 것할 수 있는 것에 감사해야지남아있는 슬픔의 모래알들

  그 수많은 모래알을 높이 쌓아

  나를 허무는 파도를 막아내야지.

주경숙

밀알기독문학회

2016년 제13회 전국 장애인과 함께하는

문예 글짓기대회 대상(국회의장 상)

하루살이

빛에 거울 비추고
허공에 메아리로 운다

단 하루 꿈마저도
바람에 흙에 묻는다

바람꽃 버들피리 몰래
하루살이 숨죽여 운다

하루살이 하루 여정 길
달팽이 본향집 돌아 간다

진희야!

삶이 버거워 아파했던
어린 시절도 지나가고‥

오곡백과 과일도 익어가는
9월의 아침을 맞는다

오곡, 과일, 색깔 좋아
가을 풍경 좋아,

학교에선 모범 대학생
집에선 착한 멋진 진희!

7살에 아버지 여의고
소년 가장이 되어도

현명하고 지혜로운
최고의 영웅이 되리라.

밤새 오는 봄

밤새 새해를 맞이하나 했더니
아침은 눈 깜박 할 새
언 땅을 녹이고

밤새 추운 겨울 붙들어 놓더니
아침은 파릇파릇한
새싹을 피우고

겨울은 밤새 징검다리
건너가 아침을 수묵화로 채색하고

밤새 회개기도 하던 영혼은
새로운 아침을
감사 찬양 울리네

우리 엄마

갈바람 소식에
부뚜막에 구워온 고구마

내입에 한입 먹이며
저승보단 이승이 좋다며

내 딸 홀로 두고
눈을 어찌 감을꼬

갈바람 속으로 엄마
소리에 눈물 적시네

막내딸 보단 하루만
더 살다 가야겠다며

환승 열차 뿌리쳐 보지만

무심한 세월은

우리 엄마 태우고
무지개 다리 건너네

눈물 밥

간밤엔 문틈 새로
서리꽃 비집어 들어오고

온기마저 빠져간 방한구석엔
모래 시계 만이 돌아가고 있고

약속도장 찍어 놓고
케익에 성냥개비 켜가며

그 강을 건너지 마오
무지개다리 사라질 세라
눈물 밥 지었네

안개 속 눈물

그대는 아침안개와 같아
번개 치듯 불러 보지만

태풍 바람 소리처럼
메아리만 울며 쏟아지고

무지개다리 돌리고
견우와 직녀처럼

마지막 인사도 못하고
안개 속 눈물만 흐르네

떠나고 싶다

여행은 꿈도
꿀 수 없었고

떠나고 싶지만
발버둥 한번 못해봤고

갓 올린 물고기처럼
그물망 속에 담긴다

새벽이 빛을 깨운다

보지 못했던
빛을 보게 되고

걷지 못했던
하늘 날게 되고

듣지 못했던
귀가 열리게 되고

천국 문 열어서
새벽이 빛을 깨운다

한그루 사계절

한그루 사계절
성령 안에서 살리라

환희의 가득 찬
기쁨으로 살리라

믿음 소망 사랑
열매로 살리라

새 생명 빛으로
의에 옷 입고 살리라

한그루 사계절
꽃나무로 살리라

생명 나무라

겨울눈 내렸다고
봄비 안올까

벚꽃이 졌다고
철쭉 안필까

고통이 왔다고
웃음 안올까

밀물이 갔다고
썰물 안올까

십자가에 죽고
부활 안올까

내 죽음은 곧
네 생명 나무라.

감사

보이지 않는 곳에서
꽃처럼 아름답네.

갖지 못한 곳에서
바람처럼 시원하네.

내 마음 가는 곳에
꽃 눈물이 흐르네

추석만큼 풍성한 날
고향 가족을 그리네

내 마음의 감사가
꽃바람 되어 날리네

한미순

1989.
mfpa(세계구족화가연합회)가입

1990-2024
한국구족화가 회원전 24회,
개인전 4회, 각종 단체전, 초대전,
해외전 다수

1993
수묵 화필 무렵(밀알),

1997.
자전에세이/사랑할 시간도 없는데 왜 미움을'(종로)

2000
홀로 있어도 혼자가 아닌(솟대)

2015
수필집/내 안에 흐르는 강물(솟대)
시화집/'땅에서도 하늘을 살아요'(밀알)
'순종의 분량만큼'(알뜰기획)

현
밀알기독문학회 회원

벚꽃 신부

따뜻한 눈빛 고백으로 설레는 가슴
참고 견딘 기다림 끝에
선물로 받은 눈부신 드레스를 입은
마음마저 향기로울 것 같은
화사하고도 예쁜 얼굴

미소를 머금고 하객을 맞는다
찬란한 꽃잎시절의 봄날은
이내 지난다 해도
오늘이 기쁘고, 감사하고, 행복한
4월의 신부여

봄 산불

단풍으로 불타는 가을 산은 저만큼인데
무엇이 그리도 급해서
봄소식 뒤좇아 와서는
파릇파릇 내민 아기 손을
저리 무참하게 불태우는가

바람을 등에 업고
붉은 혀를 날름거리며
거세게 산을 타고 오르는
잔인한 불꽃이 칼춤을 춘다

비명조차 지르지 못하고
한 줌 검은 재로 삭아 내리는
푸른 죽음의 잿빛 유언이
산불 조심,

가슴에 불을 지른다.
부활의 울창한 숲을

부활절 고백

아무리 천사로 분장하고 살아도
나는 어찌할 수 없는
죽어 마땅한 죄인입니다

그러한 나를 구하시려
대신 죽은 십자가의 예수님
그 핏빛 사랑 소문은 설마,
떠도는 입소문인지 알았습니다

나를 위해 대신 죽은 예수님
사망의 흑암을 물리치고
다시 살아나셨다는 놀라운 희소식은
과장된 뜬 소문인 줄 알았습니다

이런 나를 찾아와 내 이름을
다정히 불러주시는 부활하신 예수님

십자가의 완전한 사랑을
 더는 부인할 수 없게 되었습니다

감사합니다
생명 주신 구세주 나의 예수님

사랑합니다
찬양합니다.

성경책

이 세상 무엇과도
비교할 수 없고
바꿀 수 없는
세계 최장수 베스트셀러

성부, 성자, 성령의 뜻이
말씀으로 살아 움직이는
66권에 저장된 십자가 생명록이다

믿음의 씨가 소망으로 자라고
변화와 무지개빛 사랑으로 향기롭게 익은
창세기 첫 줄기를 잡아당기면
싱싱한 생명의 열매가 주렁주렁
저마다 다른 이름으로 줄줄이 매달려 나온다

왜 살아있어야 하는지

때로는 왜 죽어야 하는지를
세미한 성령의 깨우침에
확신하는 답을 적는다

아멘
아멘
할렐루야!

열매

여름 내내
가지에 꼭 붙어 있었다

힘주어 잡은 손
결코 놓지 않았다
떨어지지 않으려고
있는 힘을 다하여 매달렸다

유례없는 긴 장마
중형급 태풍이 연달아 몰아치고
사정없이 퍼붓는 국지성 폭우를
견디면서 알았다

내가 아니고
붙들어 주신 은혜였다는 것을

값없이 다가온 가을
가지마다 보석처럼 매달린 기쁨
믿음이 익으면 기쁨이 되고
감사가 익으면 행복의 단맛이라는 것을

옛 동무

옅은 빛이 가물가물 머무는
서산에 보일 듯 말 듯 한 얼굴이
들릴 듯 말 듯 목소리로
나를 부른다

대답도 하기 전에 먼저 달려와
손을 잡는다

펼친 앨범 속 촌스런 얼굴들이
그리운 국민학교 친구들아
보고 싶다

익고 익어
까맣게 여문 그리움
미나리 미나리
이름보다 정겨운 별명이

교실 가득 메아리치던 옛날

지금쯤 어디서 뭐하고 있니
너도 나처럼 날
생각할 때가 있기나 하니

이제는 할머니 호칭이
귀에 익어 서럽지 않니
해넘이 우리 인생이 정겹지 않니.

윤슬

가장 낮은 곳에서
평생 엎드리고 사는 강물이지만
평화롭다
눈부시게 빛난다

아침저녁으로
보석 옷을 입혀주시는
햇살에게
강물은 반짝반짝 인사를 한다

고마워요
행복해요
예쁘고 아름다운 풍경이다

바라보는 내 마음도
반짝이는 강이 되어
함께 흐른다

입원실 밤

먹빛 고요가 지붕을 덮는다
간간히 들려오는 신음 소리에
동병상련 위로가 되어주고 싶은 밤
웃음소리라곤 들리지 않는
암울한 흐름

어쩌자고
7층 병실 문 앞에 이름을 적어놓고
잠시 쉬어가도록 하는지
내로선 알 수 없는 이변이다

무거운 고요가
잠 못 드는 침묵에게 던지는 화두

삶
그리고 죽음,
의외로 가볍고 간단하다

평소 생각했던 것처럼
거창하거나 복잡하지 않다
내 곁에 동행하고 있었음을
오늘 알게 되었다

살아있다는 것은
어떤 상황이든
촌음도 감사하고 찬란하다

피는 꽃

예쁜 얼굴이
생글생글 웃고 있다

지금은
사랑하고 사랑받는
알록달록 달달 한 열정에 취한
마냥 감사하고 행복한
꿈같은 시간이어라

맑고 화사한 고운 빛깔
한잎 한잎 벙글 때마다
땅에서 하늘로
하늘에서 땅으로
오르고 내려오는

환희로 가득 찬 웨딩마취

온 누리 우주 가득 울려 퍼진다

화사하고 예쁜 얼굴
마음마저 향기로운 신부여.

지는 꽃

한탄이나 눈물 따위는 찌질한 넋두리
화려한 꽃단장은 배부른 사치다

이제는
일을 해야 사는 세상이 아닌가
눈부신 드레스 고이 벗어
미련 없이 땅에 떨구고
두 팔 걷고 일터로 간다

열심히 땀 흘려 일하고
자식 낳아 잘 기르고
내일의 꿈과 희망을 찾아
까만 씨앗으로 생명을 품는다

戀 1

故 김근원 목사님을 그리며

뒷마당 광굴에 묻힌
긴 세월 함께했던 시간들이
자꾸 자꾸만 생각이 난다

하나, 둘, 캐어내는 보석
반짝반짝 사무치는 그리움
먼 하늘을 바라본다

구름 사이 그 모습
등기 이전한 영생의 나라

저 하늘 그곳에서도
그토록 애정을 가지고 가꾸었던
밀알 문학 꽃밭 우리를 보시려나

"문학의 완성은 성경이다

죽기 살기로 성경을 읽어야 한다"
그 목소리와 표정까지

그립고
그립다

생생한 기억의 파편들이 오늘도,
과거를 현재로 이어주는 다리가 된다

우편 주소 목록을 정리하다가
이 땅을 떠나고 없는
정든 그 이름 앞에서
한참을 망설이다 끝내
지우지 못하고 말았다.

홍성원

〈본명〉홍정표 〈필명〉홍성원

학력 : 한국방송통신대학교 국어국문학과 휴학

수상경력
2001년 수레바퀴문학상 대상
2002년 한국밀알선교단 '믿음소망사랑의글' 대상 수상
2005년 창조문예 9월 시 부분으로 등단
2006년 기독교 세계 수기 공모 동상 수상
2008년 상록수창립 20주년 문학작품공모전 대상 수상
2010년 창조문예 〈신작 5편〉 코너에 수록

시집
1997년 '하늘 새의 노래'
2003년 '시가 써지지 않는 밤'

상록수 독서회 홍보팀장
밀알기독문학회
창조문예 정회원
솟대 문학 정회원

그릇 이야기

나는 금 그릇, 은그릇
청자, 백자
나무그릇, 질그릇도 아닙니다

나는 깨진 바가지
철사로 꿰멘 바가지
그럼에도 주인은 나를 쓰신다

주인의 손에서
송알송알 흐르는 피
꽃처럼 피우며

가시 같은 이 몸을,
너는 내 몸이라
노래하신다

갈 한 소우주를
채우고 넘치게 하는
마중물 붓는 일에
나를 쓰신다

내 시는...

발가벗은 마음으로
상처투성이 마음으로
십자가를 끌고 가는
백지를 걷는다

걸어서 못가면 기어서라도
가는 길에는 자국마다
땀과 눈물, 핏꽃 피고
오줌마저도 흩어지는 잎새되어
삶의 흔적이 된다

십자가 세워지는 날
행복한 그날에

당신의 눈시울이 촉촉해지고
당신의 가슴이 뜨거워지면
내시는 묵묵히 노을로 물든다

누더기의 노래

세상이 버린 당신을
세상살이 너무 추워 거저 입었습니다
얼음이던 내 영혼이 피는 봄이 되고 보니
당신은 나 같은 자가 감히 입을 수 없는
하늘에서 내려온 최고의 명품브랜드

나는 너무 황송하고 감사해
나 같은 옷을 당신께 드렸습니다.
당신은 기꺼이 나를 입고 기뻐 춤을 추십니다

그런데 나는 내가 보아도
낡고 추하고 상처 많은 누더기

당신의 체온을 느끼며 비로소 알았습니다
나는 당신을 최고의 브랜드이기에 더 사랑했지만
당신은 그저 나이기에
있는 모습 그대로
사랑했고 사랑하며
사랑할 것임을...

목잔의 간구

복종의 땀과 피
굵은 나이테로
흐르듯 새겨진
간구의 투박한 목잔에

하늘도 애간장
짜내며 물 붓듯
부은 십자가

순간,
살길이라며 광야가의 바람이
요염한 여인처럼 손짓한다
말 한마디 말 한마디 말 한마디
천군 천사를 동원하여
세상 구원할까 란
달콤한 속삭임이 미세먼지처럼 들어왔지만

하늘의 뜻 뼛속 깊이 아로새겼기에
목잔은 십자가를 겸허히 아프게 마신다
언약의 성취를 노래하며 취해가며

민들레의 백발

노란 생명 품고 있는 너도
아름답지만

바람에 나붓껴 빈 둥지가 된
너의 백발은 찬란하다.

어느새 새치가 파뿌리처럼 나기 시작한
내 머리도
너같이 빛날 수 있을까

떡이 되리라 몸이 되리라

어느 시인은 남과 북, 동과 서로 나뉜
나라를 보고 땅콩이라 했다

하지만 지금의 나라는
이념, 세대, 팬덤의 절구질로 찢어진
부스러기

이를 불쌍히 여기신 주님
예비 신부들에게 말씀하신다.
너희의 눈 속에서 맑고 뜨거운 내 피를
꽃처럼 피워
시내같이 강같이 흘릴지어다.

내가 부스러기를 반죽하리니 설설 끓는 가마 같은 내 품에서 품어
떡이 되리라

이 떡은 어느 총탄과 폭탄도 무슨 무기도
끊지 못하는 탄성을 가질 것이요
나누면 나눌수록 점점 커지는
내 몸이 되리라

그러나, 그러나
만약 그렇지 아니하면
정녕 그렇지 않으면

너희의 후손은
실바람이 가지고 노는
미세먼지가 되리라

가위의 폭주를 막을 수 있는 것은

숨을 쉬면서
어미의 젖을 오물오물 거리면서
자르기 시작했다
배움과 터득은 선악의 날을 예리하게 연마시켜
요리조리 마음대로 자르며 폭주한다

비평이란 이름, 사랑이란 이름으로
서로가 서로의 보이지 않은 가슴을
피의 재단을 하는 수많은 가위 떼

오직 그들의 폭주를 멈출 수 있는 건
그들을 만든 재단사의 못 자국난 손에
스스로 잡히는 것
그 손길 따라 이웃의 옷 만드는 것

나 역시도

시시때때로 폭주하고 싶은 가위
그때마다 재단사의 손에서 흘러온
선홍빛 아교 덕에
견고히 한 몸 되는 은혜를 입는다

백지

배설물 같은 내 삶이 하나님의 손이 만나
황금이 되는 곳이다

그리스도의 핏값으로 산 오늘이다
첫사랑이다

내 눈물의 호수다
시를 품은 자궁이다

서지 못하는 내게 날 수 있는 하늘이 닿은
은혜와 감사의 꽃 빼곡히 피워도 모자란 꽃밭이다

내 코를 고이 품어 줄
눈밭 순교지다

은혜로 철들어 가며 기뻐하며

꽃으로 살았으니
열매로도 살아야지

화려한 시절 그립지만
언제나 거기서 머물 수는 없는 법

이제 낯설은 투박한 옷 입고
그 투박한 멋 알고 느끼다가

온 세상 품은 하늘처럼
주어진 생명을 품고 보호하며
사랑해야지

그리고
배가 등가죽에 붙는 잎새로 만나는 날
언약의 쪽빛으로 물들어

낙하가 아닌
승천시켜 줄 한 점 바람 같은
목수의 손길을
묵묵히 고대해야지

이명 (耳鳴)

어느날 갑자기 귓속으로
탄알처럼 박혀 사는 매미

밤에는 각혈하듯 울고 또 울고
새벽에는 내장이 끊어져라 온몸으로
노래하고 노래한다

독한 살충제 뿌리고 싶은 하루하루
단잠을 구걸하는 하루하루
멍하니 묵상 아닌 묵상 하다가

너는 저처럼 통회하고
너는 저처럼 찬양하니
하는 내면의 소리에

난 엎드려
온몸으로 통회하며 찬양하는
매미가 된다

천국

그곳에 가고 싶으면
그곳이 되어라

네 영혼의 보좌에 앉았던
금덩이
화려한 세상 왕관
번쩍이는 독주
혹은 네 자신조차도
내려와 엎드려야 한다

그리고 그 보좌에
의와 평강과 희락의 왕을
영원히 모셔 그 발아래에
즐거이 시종이 되어 순종하고
깔린 발판이 되어 들어라

그곳에 가고 싶으면
그곳이 되어라.

Ph. D. 조성숙

(시인. 시 낭송가. 수필가)

2025년: 청운대학교 교수
2025년: 청운대 평생교육원 시문학 지도
2025년: 밀알기독문학회 지도교수
2025년: 한마음문학예술협회 부회장
2024년: 우석대학교 교수

수상경력
2023년 문학공간 신인문학상 수상 수필가 등단
2022년 대한민국 공로봉사상 교육위원장상 수상
2022년 한국을 빛낸 글로벌 백인 대상 문학상 수상
2022년 샘문그룹 한용운문학상 시 부문 수상
2022년 샘문그룹 시 낭송 수상

〈시집 및 시화전〉
《갯벌위의 희망》2021

2024년
6월~7월 호국. 애국 특별 전시회
용산 전쟁기념관 시화전

2025년
대신대학원대학교 사회복지상담학 박사 졸업

순리 (順理)

과거의 시간을 끌어 내려다
오늘의 시간을
묻어 버리지 않기를

미래의 시간을 탐색 하기 위해
오늘의 시간을
무시해 버리지 않기를

순리(順理)는
과거를 자양분 삼아
오늘의 꽃을 피우고

하루는
미래의 시간이 되는 초록이
오늘을 살게 한다.

에필로그

함께 하는 밀알기독문학회

차가운 공기가 부드럽게 감싸는 공간, 매달 한 번씩 모인다.

서로의 체온이 깃든 작은 공동체,

우리는 조용히 글을 펼쳐 들고 책상 위에는 따뜻한 차 한 잔과 한 달 동안 조금씩 모아진 글들이 돼지저금통 속에 모아진 동전들처럼 쌓여 있다.

장애를 가진 밀알 가족들과 함께하는 시 문학 공부의 시간은 단순한 배움의 자리가 아니다.

그것은 우리가 함께 만들어가는 작은 축제이자, 마음의 창을 열어 서로를 마주 보는 시간이다.

한 글자, 한 문장을 읽는다.

누군가는 입술을 떼는 데 오랜 시간이 걸리고,

누군가는 눈길로 글씨를 더듬으며 마음으로 읽는다.

때로는 힘이 들어 손끝으로 한 글자씩 짚어가야 하지만, 그 느린 시간이야말로 가장 깊은 이해의 선물이다.

시간이 흐를수록 종이 위의 글들은 마치 뜨거운 커피 속 설탕처럼 서서히 녹아들어 우리의 감각을 깨운다.

단어들이 하나둘 녹아들어 시의 향기로 피어나고,

그 향기에 취한 우리의 심장은 널뛰듯 두근거린다.

누군가는 조용히 고개를 끄덕이고, 누군가는 미소를 지으며 시의 바다를 유영한다.

"봄이 오는 길목에서 꽃들은 기다림의 미학을 배운다."

생동하는 글들에서 깨닫는다

우리도 서로를 기다려 주고 있다는 것을.

바쁜 세상 속에서 조금 느릴지라도,

기다려 주는 이들이 있다는 것만으로 우리의 삶은 더 따뜻해진다.

우리의 글들은 각자의 추억과 기억 속에서 새로운 의미로 부화하고, 봄꽃 향기가 되어 창공으로 날아오른다.

어느새 시는 우리가 되고, 우리는 시가 되어, 기억 속에 새겨진다.

우리는 함께다.

그리고 그 사실만으로도

우리의 만남은 한 편의 시가 된다.

2025년　조성숙(밀알기독문학회 지도 교수)

진하게 우려낸 고난의 흔적들

얼마나 숙성시켰을까?
진하게 우려낸 고난의 흔적들

힘겹게 친 아픔의 활자
삶의 처절한 몸부림으로 절여낸 문구들

뉘게라도 속 시원히
쏟아놓기라도 했으면 좋겠건만
아픔과 고난으로 가득한 그 어딘가
한 줄만으로도 위로의 향연이기를 갈망하는
밀알 문학둥이들

그대들이 있어 행복하다.
한없이 행복하다.
우리들의 찌든 마음을
청정구역으로 초대하는
그대들의 고난의 흔적과 애씀으로 행복했다.

밀알기독문학회 김학창 목사

밀알기독문학회 문집

마음으로
사는 삶

초판 1쇄 2025년 05월

펴낸이 조병성
펴낸곳 밀알
기획 한국밀알선교단
주관 밀알기독문학회
등록번호 2009-000263
주소 서울시 강남구 광평로 295 (수서동, 사이룩스) 동관 207호
전화 02-3411-6896
팩스 02-3411-6657
인쇄 열매상사

ISBN 979-11-983732-3-6
값 13,000원

• 저작권법에 의해 보호를 받는 저작물로 무단 전재와 복제를 금합니다.
• 이 책의 내용을 이용하려면 반드시 저작권자와 밀알 출판사의 동의를 받아야 합니다.
• 파본 및 잘못된 책은 구입처에서 교환해 드립니다.

이 문집은 한국밀알선교단 창립45주년 기념으로 출판되었습니다.